Thema: Sport

Formen und Probleme des Sports in unserer Welt

Materialien
für den Sportunterricht
in der Sekundarstufe II

Herausgegeben im Auftrag des Kultusministers des Landes Nordrhein-Westfalen mit Unterstützung des Bundesministers für Bildung und Wissenschaft

Dietrich R. Quanz (Projektleiter)
Rolf Geßmann
Eckhard Meinberg
Helmut Zimmermann

Unter Mitarbeit von Klaus-Dieter Menzer und Norbert Schulz

2

Eckhard Meinberg

Leistung in Sport und Gesellschaft

August Bagel Verlag · Düsseldorf

Mit der Vereinbarung zur Neugestaltung der gymnasialen Oberstufe in der Sekundarstufe II vom 7. Juli 1972 hat die Kultusministerkonferenz die Einrichtung des Leistungsfachs Sport in allen Bundesländern ermöglicht.

Durch die damit verbundene Notwendigkeit, sportwissenschaftliche Unterrichtsteile und schriftliche Leistungskontrollen zu schaffen, wurde der Mangel an geeigneten Arbeitsmaterialien für diesen neuartigen Unterrichtsbereich offenbar.

Das Land Nordrhein-Westfalen hatte bereits im ,,Schulversuch Sportgymnasium" vorbereitende Erfahrungen für das Leistungsfach Sport gewonnen und akzeptierte Anfang 1973 die im Rahmen des Vereins für Unterrichtsforschung Köln e.V. eingebrachte Konzeption der Entwicklungs- und Forschungsgruppe Leverkusen zur Erstellung entsprechenden Materials und dessen Erprobung. Das Kultusministerium Nordrhein-Westfalen machte dieses Konzept zur Grundlage eines Modellversuchs der Bund-Länder-Kommission für die Bildungsplanung bei gemeinsamer Förderung durch das Bundesministerium für Bildung und Wissenschaft und die Landesregierung Nordrhein-Westfalen.

Die didaktische Konzeption der Einzelbände sowie der Gesamtreihe entwickelten die Mitglieder der Entwicklungs- und Forschungsgruppe Leverkusen (Dietrich R. Quanz, Rolf Geßmann, Eckhard Meinberg, Helmut Zimmermann unter Mitarbeit von K. D. Menzer und Norbert Schulz). In gemeinsamer Diskussion mit dem jeweiligen Autor und in Abstimmung mit dem Verlag wurden die einzelnen Hefte erstellt. Dabei bot die Gruppe Sport im Kultusministerium Nordrhein-Westfalen (Lt. Ministerialrat Johannes Eulering, Stud. Direktor Dietmar Hiersemann) fachliche Unterstützung, insbesondere durch Fortbildungslehrgänge für die Lehrer des Leistungsfachs Sport.

Gesamtherstellung: A. Bagel, Düsseldorf 715

Gesetzt aus der Helvetica der D. Stempel AG, Frankfurt/Main
Typographie und Einbandgestaltung: Peter Krolow, Düsseldorf
Printed in Germany 1975 · Bestellnummer 3702

ISBN 3 513 03702 3

Inhaltsverzeichnis

Einführung in das Projekt:

Vielerorts kann man Stimmen hören, die die Gesellschaftsbezogenheit des Sports beteuern. Sportfunktionäre, wie Politiker, Erzieher und Sportwissenschaftler stimmen in diesen gemeinsamen Tenor ein.
Gestützt auf die beinahe einhellige Meinung, daß Sport und Gesellschaft irgendwie zusammengehören, wird auf diese enge Beziehung gerade auch dort aufmerksam gemacht, wo man sich ganz allgemein um eine Klärung des Phänomens Sport müht. Da es in diesen Materialien aber vorzüglich um eine solche „kritische" Auseinandersetzung – wobei kritisch nicht verwechselt werden soll mit polemisch, sondern nichts anderes will als zur Fähigkeit des Unterscheidens und Differenzierens anhalten – mit dem Sport geht, kann die Frage nach dem Zusammenhang von Sport und Gesellschaft nicht überraschen. Freilich ist hier sogleich eine Einschränkung zu treffen: Die Komplexität dieses Verhältnisses macht eine lückenlose Aufbereitung dieser Thematik unmöglich. Es kommt also gar nicht darauf an, die gesellschaftliche Dimension des Sports ausschöpfend zu behandeln. Vielmehr soll an einer bestimmten Erscheinung die nicht immer leicht durchschaubare gesellschaftliche Problematik des Sports faßbar gemacht werden: an der menschlichen Leistung, insbesondere an ihrer sportlichen Ausgestaltung. Ausgehend von der fast selbstverständlichen Ansicht, daß Leistungswille, Leistungsbereitschaft und Erfolgsstreben nicht vom sportlichen Tun zu trennen sind, gruppieren sich die Materialien dieses Projekts um die Fragen, wie das Leistungsprinzip im Sport beurteilt und wodurch es gerechtfertigt wird. Und bei alledem wird sich herausstellen, daß in der Anbahnung solcher Fragestellungen die gesellschaftlichen Aspekte dieser Problematik auf unterschiedliche Weise durchscheinen. Sportliche Leistung, wie Leistung überhaupt, ist zwar die bestimmte Leistung eines bestimmten Individuums, aber doch zugleich immer auch gesellschaftlich vermittelt.
Diese zunächst nur globale Einsicht wird in den folgenden Materialien unter verschiedenartigen Gesichtspunkten näher präzisiert und aufgeschlüsselt. Maßgebend für die Textaufbereitung sind dabei die soziologische und gesellschaftskritische Perspektive, die durch die politische in Form der parteipolitischen ergänzt wird, weil sich in ihnen besonders deutlich der gesellschaftliche Charakter des Sports und der sportlichen Leistung widerspiegelt.

Die Erkenntnis, daß Sport gesellschaftlichen Ursprungs ist und seine Entwicklung unlöslich mit der Entfaltung bestimmter Gesellschaftsformen und -organisationen verbunden ist, demonstriert Plessner am Beispiel der modernen Industriegesellschaft, die er u. a. auch als eine Gesellschaft des Leistungswettbewerbs kennzeichnet.
Im Zuge solcher Überlegungen nimmt er eine Ortsbestimmung des Sports in der modernen Industriegesellschaft vor. Dies geschieht aus soziologischer Optik, die auch bei den Texten von v. Krockow und Offe entscheidend ist. Freilich mit dem Unterschied, daß Offe das Leistungsprinzip ganz allgemein, unabhängig vom Sport, erörtert und mit einem kritischen Fragezeichen versieht.

In einem weiteren Angang werden die bei Offe allgemein gehaltenen, aber durchwegs kritischen Erwägungen auf den Sport zugespitzt (vgl. Kesting, Böhme u. a.). Dabei wird deutlich, daß die Kritik am Sport, vornehmlich dort, wo er stark leistungsorientiert ist, eingebettet ist in eine umfassende Gesellschaftskritik überhaupt. Wo in z. T. recht heftiger Manier der Leistungssport in die Kritik gerät, kann es nicht ausbleiben, daß sich Gegenkritik, also Kritik an der Gesellschaftskritik, zu Worte meldet. Zeugnis dafür sind die Ausführungen Lenks, v. Krockows, Scherers und Dämpferts. Wenn immer wieder die Bedeutung des Sports für unsere Gesellschaft (und umgekehrt) betont wird, kann es nicht verwundern, daß er auch in verstärktem Maße Gegenstand des politischen Geschäfts wird. Deshalb werden parteiprogrammatische Beiträge der SPD, FDP, CDU/CSU und SED daraufhin befragt, wie sie zum Leistungsprinzip im Sport stehen.

Insofern das vorliegende Material die angedeuteten Perspektiven auf den Zusammenhang von Leistung – Sport – Gesellschaft ins Licht rückt, ist dem Lehrer und Schüler zugleich ein Leitfaden an die Hand gegeben, wie er möglicherweise Zugang zu dieser sehr verzweigten Fragestellung finden kann. Dabei sollte stets bedacht werden, daß die Trennung in soziologische, gesellschaftskritische und politische Komponenten unseres Problems entgegen aller Isolierung häufig ineinander übergeht und aufeinander hinweist. Daraus resultiert die didaktische Konsequenz, daß es im Belieben der Schüler und Lehrer steht, mit welcher der genannten Hinsichten das Gespräch eröffnet und wie im weiteren Verlauf vorangeschritten wird. Eine vollständig fixierte, gleichsam „eindimensionale" Abfolge der Materialien ist nicht geboten.

Endlich ist noch auf einen weiteren Umstand aufmerksam zu machen: daß bei dieser Auswahl vieles unberücksichtigt bleibt und bleiben muß, dürfte kein Erstaunen hervorrufen: So wird man die psychologische Dimension vermissen, man wird auch nach der pädagogischen und philosophischen vergebens Ausschau halten. Was die philosophische Betrachtungsweise betrifft, so gilt hier immer noch nahezu uneingeschränkt Lenks Aussage, wonach die Philosophen „die Unerläßlichkeit einer Philosophie der Leistung noch gar nicht bemerkt"[1] haben. Genau dieses Defizit trifft die gegenwärtige anthropologische Situation in den Sporttheorien. Dies kann man allerdings von seiten der Psychologie nicht behaupten. Der Verzicht auf die Erörterung des psychologischen Gesichtspunktes hat seinen Grund darin, daß in diesem Projekt Leistung primär als soziales Phänomen begriffen wird, gleichwohl auch hier die Verknüpfung von psychologischer und gesellschaftlicher Problematik bewußt ist. Die mehr individuell-psychologisch orientierte Sichtweise unseres Themas soll in einem Heft über Probleme des Leistungssportlers erfolgen. Und auch die pädagogische Relevanz der sportlichen Leistung ist hier nicht einfach übersehen oder ignoriert worden. Wenn dieser Aspekt nicht ausdrücklich gewürdigt wurde, so deshalb, weil er in einem Heft über die erzieherische Funktion des Sports besonders herausgestellt werden soll. Das ändert aber nichts daran, daß sich in den einzelnen Materialien genügend Ansatzpunkte für die pädagogische Erörterung unseres Problems auffinden lassen.

[1] Hans Lenk, Sport – Gesellschaft – Philosophie in: Sportwissenschaft, 1. Jg. (1971), H. 1, S. 31.

A. Der soziologische Aspekt des Problems

Die auszugsweise vorgestellten Beiträge von Plessner und v. Krockow sollen dem Schüler veranschaulichen, wie sehr die Entwicklung des Sports mit der Entwicklung der Gesellschaft zusammenhängt. Um dem Schüler den Einstieg in diese Problematik zu erleichtern, ist der umfangreiche Plessner-Text vom Bearbeiter durch Zwischenüberschriften aufgegliedert worden.

I. Funktionen und Aufgaben des Sports in der Industriegesellschaft

1 *[Sport als Gegenstand soziologischer Betrachtungen]*

Wer sich mit dem Phänomen des Sports beschäftigt, das eine außerordentliche Bedeutung für unsere Zeit besitzt, staunt darüber, wie wenig bisher auf diesem Gebiete gerade von seiten der Soziologie, von seiten der Anthropologie gearbeitet worden ist. Es ist so, als ob wir uns noch nicht eingestehen wollten, daß der Sport ein wesentliches Symptom, eine wesentliche Erscheinung unseres kulturellen Zustandes unserer modernen Gesellschaft ist, als ob das nur am Rande ein merkwürdiges Phänomen wäre, mit dem man sich ernsthaft eigentlich nur dann beschäftigen müsse, wo der Mediziner ans Wort gelassen werden muß, also da, wo unmittelbare Fragen des Trainings, unmittelbare Fragen der Physiologie, allenfalls auch der Psychologie und das eigentlich klinische Problem angerührt wird. Daß der Sport aber offensichtlich tiefer zusammenhängt mit der sozialen Struktur, also mit unserem eigenen sozialen Leben, daß er nicht nur als ein ephemeres Phänomen zur besonderen Ausgestaltung in der Massengesellschaft gekommen ist, vielleicht Entartungs- oder Verfallsprodukt sei, darüber hat man sich bisher merkwürdigerweise noch sehr wenig Gedanken gemacht. Nur muß ich eines vorausschicken, ich bin hier selbst auf diesem Gebiete ein Mann, der sich tastend an eine Frage heranwagt, und ich weiß, daß das, was ich hier zu geben vermag, nur sehr wenig ist, vielleicht nur ein kleines Licht werfen kann in ein sehr diffiziles und verworrenes Gebilde. So wenig wie es erlaubt ist, den Sport generell mit bestimmten auffallenden Phänomenen des Massensportes zu identifizieren – dagegen behauptet sich zum Beispiel der Sport im Alpinismus oder der Skisport und viele andere Sportarten, die durchaus nicht zu solchen Massenveranstaltungen und zu Massenbetrieb taugen –, so glaube ich doch, sollte man einmal versuchen – vor allen Dingen nun diese massenhaften Symptome im Blick –, sich als Soziologe an dieses Phänomen heranzuwagen.

Der Sport entwickelt sich offenbar nur in einer industrialisierten, das heißt von Technik und weitgehender Arbeitsteilung geprägten städtischen Gesellschaft. Auf dem Lande, bei den Bauern, war und ist im wesentlichen das Spiel zu Hause, nicht der Sport. Gewiß liegen die Wurzeln der Sportgesinnung und vieler Sportzweige in der vorindustriellen Epoche. [...]

Wer sich über die Bedeutung des Sports in unserer westlichen Welt und für unsere moderne Gesellschaft klarwerden will, hat von einer fundamentalen Erfahrung auszugehen, von dem Phänomen der zunehmenden Verstädterung.

[Das Phänomen der Verstädterung in seiner Bedeutung für den Sport]

Unsere moderne Gesellschaft fühlt sich in ihrem natürlichen Verhältnis zum Körper irritiert, um nicht zu sagen gestört. Das rasche Wachstum der Städte, ihre beherrschende Rolle für das moderne Leben in Fabrik und Bergwerk, im Büro, in den Laboratorien, der ganze Komplex, der durch die Schlagwörter Industrialisierung, Mechanisierung, Spezialisierung, Bürokratisierung angedeutet ist, hat eine tiefgehende Unzufriedenheit mit dem deformierenden Einfluß der modernen Arbeit auf den Menschen hervorgerufen. Zwar leben wir gewiß nicht mehr in der Konfliktstellung der Generationen vor 1830, selbst noch vor 1880. Der Anpassungsprozeß der städtischen Massen an ihr inzwischen ja viel hygienischer, freundlicher und menschlicher gewordenes Milieu ist seit Dezennien in vollem Gange. Die damals noch tiefempfundenen Klagen über den Verlust der alten, handwerklichen, traditionalen, ländlichen, altväterisch-bürgerlichen Erlebnisweise und des Lebensglücks, das mit ihm gegeben war, diese Klagen sind lange verstummt. Jedenfalls sind sie viel schwächer geworden und werden von der Jugend kaum mehr verstanden. Die Opposition eines naturalistischen Elements – Naturalismus in der Literatur, in der gesamten Kunst – gehört nach unserem Gefühl für die Jugend von heute völlig der Vergangenheit an und wird auch gar nicht mehr verstanden. Industrialismus, Mechanisierung, Spezialisierung, Bürokratisierung sind mehr und mehr Selbstverständlichkeiten, unvermeidbare Formen geworden, die mit der industriellen Gesellschaft nun einmal gegeben sind und die die großen Massen längst akzeptiert haben. Aber das ändert durchaus nichts an dem weit verbreiteten Gefühl, daß in der modernen Arbeit, der Handarbeit wie der Kopfarbeit, der Mensch in seiner leibhaften, körperlichen Gesamtexistenz nicht zu seinem Recht kommt. Daß er entweder durch unnatürliche Milieus, durch unnatürliche, einseitige Beanspruchungen, mögen es nun Gruben sein oder Fabriken oder Büros, im ganzen als widerwilliges Instrument zu einseitig spezialisierter Leistung überanstrengt wird oder einer nicht weniger unnatürlichen Ausschaltung zugunsten bloßer Kopfarbeit verfällt. [...]

Die Menschen kennen heute nicht mehr – und haben als Großstädter, als Städter jedenfalls auch kaum mehr die Möglichkeit dazu – die Befriedigung, welche die traditionelle Arbeitsweise – vor allem die handwerkliche, aber auch weitgehend auf anderen Gebieten, also bis oft ins Bäuerliche hinein – gewährte, eine Befriedigung, die ja doch, das darf man nie vergessen, bis zum Ende der Goethezeit, bis ins hohe 19. Jahrhundert der übergroßen Mehrzahl der europäischen Menschheit offenstand. Sie sind alle mehr oder weniger zu Rädern in einem Getriebe geworden, das sie selbst kaum noch überblicken und in dem sie nur noch eine Teilfunktion in einer unpersönlichen Einrichtung, in hochspezialisierter Verantwortung für irgendeine Teilaufgabe haben, die eine besondere Leistung von ihnen verlangt, aber an ihrer Person gewissermaßen vorbeigeht. Das Bewußtsein, auswechselbar zu sein, nur noch nach

der Leistung gemessen zu werden, lastet auf Hunderttausenden. Einerlei, zu welcher „Heeresgruppe" der Arbeit sie gehören: zur Arbeiterschaft, zu den Angestellten oder zu den Intellektuellen. Gegen ihre Bewertung nach Leistungsskalen wehren sie sich dabei nicht, weil sich heute die meisten, die große Masse, kaum noch andere Bewertungsweisen überhaupt vorstellen können; sie wehren sich vielmehr gegen das damit unvermeidlich verkoppelte Unsichtbarwerden ihrer eigenen Person. Das Untergehen in der Masse, die Anonymität drückt auf sie stärker. Sie wollen auch in der Leistung als Einzelmenschen sichtbar werden. Ein Verlangen übrigens, um dessen Berücksichtigung sich die moderne Betriebssoziologie, die Analyse der human relations, neuerdings doch sehr stark bemüht. Der Mensch will eben gesehen werden, bewundern und bewundert werden. Das von der industrialisierten Welt allgemein geweckte, in allem irgendwie großgezogene und zugleich doch an seiner Erfüllung gehinderte Verlangen hat sich ein Feld der Verwirklichung im Sport geschaffen.
In der Masse und für die Masse unmittelbar etwas bedeuten, aus ihr aufsteigen, so daß jeder diesen Aufstieg begreifen und bewundern kann, ist aber wiederum, und damit kommen wir auf ein [...] Motiv, nur dann möglich, wenn die Masse diesen Aufstieg verstehen kann, wenn jeder ihn irgendwie begreifen kann als Leistung, die dem einzelnen Menschen als das Besondere nun anhaftet. Und was kann jeder verstehen? Im Grunde die körperliche Kraft, Gewandtheit, den körperlichen Wettkampf. [...]

[Prägezeichen der modernen Industriegesellschaft]
Vergessen wir nicht, daß wir in einer hochspezialisierten Gesellschaft leben, in der die einzelne Leistung um so höher eingeschätzt wird, je kleiner der Kreis ist, in dem sie begriffen und beurteilt werden kann. Natürlich hat es diesen Zug zur Unzugänglichkeit in jeder differenzierten Kultur gegeben. Aber solange diese Kultur wesentlich traditional aufgebaut und getragen war, also ständisch gegliedert, letzten Endes auf einer agrarischen und handwerklichen Basis ruhte, hielt sich die Unverständlichkeit (die Zonen der Unverständlichkeit der gesellschaftlichen Arbeit für die Menschen verschiedener Lebenskreise, Schichten und Berufe) praktisch ja doch immer in vorgegebenen und traditional überlieferten Grenzen. Sie wurde vor allem – und das ist entscheidend – nicht als etwas Besonderes empfunden, als etwas Auffälliges, weil die Trennung in Stände und Kasten als gottgewollt und natürlich galt. Unsere Welt ist demgegenüber nicht nur hochorganisiert und spezialisiert, sondern sie ist vor allem auf die ständige Entwicklung dieser Eigenschaften bedacht und, als eine offene Klassengesellschaft freien Wettbewerbs, bestrebt, jeden einzelnen zu respektieren und in der offenen Differenzierung zu halten, in dem Sinne, daß er etwas können soll, was der andere nicht kann. Dieses Können bindet sich an immer länger und immer komplizierter werdende Ausbildungswege, an Voraussetzungen, die selbst wieder die Tendenz haben, sich voneinander zu unterscheiden. Da das Ergebnis nicht festliegt, da das System der Leistung ständigen Umbildungen unterliegt, immer wieder neue Berufe entstehen und andererseits das Ideal der freien Berufswahl und das Prinzip der freien Bahn für jeden Tüchtigen in Kraft sind, liegt die große Masse in einem

merkwürdig gespaltenen Bewußtsein von der Art: Was der andere kann, das kann ich eigentlich auch oder könnte ich, wenn ich die gleichen Chancen der Ausbildung gehabt hätte wie er. Auf der anderen Seite: Was der andere kann, das kann ich nicht und verstehe ich auch nicht, darf ich im Grunde auch nicht verstehen. Ein sehr merkwürdiges, mit der funktionellen Demokratisierung unserer modernen Gesellschaft zusammenhängendes, aber ganz merkwürdig in sich widerspruchsvolles Phänomen.

Die industrielle Welt lebt, wie wir wissen, von der Wissenschaft. Ihr erfinderischer Geist, der Tradition feindlich gesinnt, trägt ausgesprochen intellektuelle Züge. Viele Berufe, die noch bis ins späte 19. Jahrhundert die überlieferten Normen und Ausbildungswege treu bewahrt hatten, sind dadurch, daß sie in Abhängigkeit von der Industrie gerieten, heute in ihrer Existenz bedroht, revolutioniert und in die allgemeine Intellektualisierung hineingezogen worden. Man verlangt für sie höhere Schulbildung, womöglich das Abitur und das Hochschulstudium. Das geht nun ständig weiter. Den immer neuen Berufen werden die möglichen intellektuellen Vorstadien vorgeschaltet, und man geht dazu über, vielem, was früher genausogut, vielleicht sogar besser, ohne diesen ganzen Ballast von Vorbildung und Disziplinierung, tatsächlich den Menschen zugänglich war, als Beruf nun auch noch bestimmte disziplinierte Ausbildungswege vorzuschalten.

Gegen diesen um sich greifenden Intellektualismus, der das gegenseitige Sichnichtmehrverstehen vertieft, setzen sich die Menschen instinktiv zur Wehr. Irgendwo wollen sie ihre Kräfte messen, aber auf eine unmittelbar verständliche, einem jeden einleuchtende Weise. Sie wollen zu einer Integration kommen, und zwar jenseits der Trennung in Fächer und Fachberufe, jenseits der Zerklüftung in konfessionelle oder parteipolitische Lager, sie wollen der Überzüchtung des Denkens eine neue Ursprünglichkeit entgegensetzen, in der gleichwohl die heimlichen Wünsche nach Überbietung des anderen, nach Selbstbestätigung und Ansehen, nach Höchstleistung und Heldenverehrung ihre Erfüllung finden können. Sie wollen also einerseits dem Mechanismus des ewigen Prästierens entfliehen, und auf der anderen Seite sind sie ihm verfallen. Sie suchen einen Ausweg in einer anderen Schicht der Integration. Diese Integration gewährt ihnen aber eben nur der Sport. [...]

Erläuterungen:

4 **Anthropologie:** Gegenwärtig taucht der Begriff „Anthropologie" in vielerlei Zusammensetzungen auf. So spricht man von pädagogischer, biologischer, soziologischer Anthropologie etc. Ursprünglich bedeutet dieser Begriff „Lehre vom Menschen". Man versteht darunter sowohl die naturwissenschaftliche Forschung am Menschen wie auch den Versuch, Auskünfte über die „Natur" und das „Wesen" des Menschen zu geben. Letztere Absicht hat ihren festen Platz seit alters in der Philosophie. In unserem Jahrhundert entwikkelte sich eigens eine „philosophische Anthropologie" als Sonderdisziplin der Philosophie (vgl. Scheler, Plessner, Gehlen u. a.).

133 **ephemeres Phänomen:** Randphänomen

143 **prästieren:** leisten

1. Kennzeichnen Sie mit Hilfe des Plessner-Textes das Phänomen der „Verstädterung" und seine Folgen für das Sporttreiben.

2. Welches sind die Grundzüge der modernen Industriegesellschaft nach Plessner? Wie bestimmt er den Sport in einer solchen Gesellschaftsform?

[Der Zusammenhang von Sport und Arbeitswelt]

Sport stellt einen Bezirk dar, in welchem die unter dem Druck der spezialisierten Arbeitswelt stehenden Menschen gewisse elementare, von ihr geweckte und zugleich in ihrer Erfüllung gehemmte Wünsche befriedigen wollen. Natürlich lassen sich die oft genannten Bedürfnisse des Städters nach Erholung, nach sozialem Kontakt und, wie wir noch sehen werden, nach Aggression und Spiel, nach Selbstbestätigung und Heldenverehrung auch auf andere Weise erfüllen, im Beruf wie außerhalb des Berufes. Die Erfüllung muß nicht die Form des Sports annehmen, aber dann bleibt sie Privatsache. Und diese können sich heute nicht mehr viele Menschen leisten. Die Versklavung der übergroßen Masse der Lohn- und Gehaltsempfänger an die Öffentlichkeit, die Einengung ihres äußeren, aber auch inneren Spielraums, die Uniformierung ihrer materiellen Existenz nicht weniger als ihrer Phantasie hat ein so großes Maß erreicht, daß der Elan zur Privatexistenz rapid schwindet. Je vollkommener uns alles durch die Presse, durch das Radio, durch den Film, durch die Gesellschaftsreisen und so vieles andere nahegebracht wird, um so vollkommener wird jeder von sich entfernt und abgelenkt. Darum tendieren die Bedürfnisse nach Erholung und sozialem Kontakt, nach Aggression und Spiel, nach Wettstreit und Selbstbestätigung, nach Heldenverehrung zur Öffentlichkeit und finden ihre Erfüllung im Sport. Er kann sie alle integrieren und in irgendeiner Weise auffangen und erfüllen. Jeder kommt in ihm auf seine Rechnung als Mitspieler und als sich identifizierender Zuschauer, ob Fußball oder irgendeine der leichtathletischen Formen (Tennis, Kricket, Golf, Schlittschuh, Ski, Alpinismus und viele andere).

Die Begeisterung für den Sport muß innerlich mit der modernen Sozialverfassung zu tun haben. Das sehen wir aus allen diesen Andeutungen wohl sehr deutlich, da sie an keine besondere Gesellschaftsschicht mehr gebunden ist, vielmehr, im Grunde genommen, alle ergreift. Man hat an dieser Stelle eingewandt, daß es ja doch bestimmte Formen von Sport gibt, die noch immer das Privileg finanziell bestimmter Schichten sind. Das mag zweifellos richtig sein. Golf ist noch immer kein Volkssport, und Golf eignet sich so wenig wie Kricket zu sehr spektakulären öffentlichen Schaudarstellungen oder großartigen Wettkämpfen vor Hunderttausenden von Zuschauern. Das Kricket wie das Golf hat etwas von dieser ländlichen Geduld, die der Engländer besitzt, von jenem merkwürdigen, unauffälligen Tun, das dem Kontinentaleuropäer manchmal unverständlich ist. Aber das dürften doch wohl Ausnahmen sein. Wie gesagt, es läßt sich auch diese Form irgendwie als Ansatzpunkt für typisch sportliches Verhalten deutlich machen. Im Grunde genommen ist also der Sport in allen seinen Formen an keine besondere Gesellschaftsschicht mehr gebunden.

Er ergreift alle. Und da fällt nun zunächst einmal der Arbeitscharakter der industriellen Gesellschaft ins Auge: ihr Arbeitsethos und ihre auf Spezialisierung und weitgehende Organisation angelegte Arbeitsweise, die vielfach zur Mechanisierung drängt. Was das Arbeitsethos betrifft, so muß man sagen, daß es auch in den Ländern der freien

Welt heute keine Leisure class mehr gibt, die noch mit gutem Gewissen zu ihrem Müßiggang steht (das dürfte etwas sein, woran man nicht vorbeisehen darf bei einer Theorie des Sports). Die besitzenden Schichten, die, genießend oder gestaltend, lesend, schreibend, malend, musizierend, forschend oder wie immer auch sich den Luxus des freien Lebens leisten konnten, gibt es nicht. Im 19. Jahrhundert konnten die aufstrebenden Schichten sagen: nur Arbeit adelt; heute heißt es wie selbstverständlich: nur Arbeit adelt. Das Leistungsprinzip hat sich bis in die Ethik hinein durchgesetzt und ist im Begriff, jedes andere Prinzip als Selektions- und Wertungsprinzip zu verdrängen. Der Gelehrte, der Künstler, die akademischen Berufe sehen sich heute weitgehend als geistige Arbeiter, als Funktionäre des Staates oder der großen Institutionen, und dies in wachsender Auspowerung, in wachsender Verarmung und moralischer Sozialisierung. Nicht weniger bindet der wachsende Apparat der Verwaltung, der arbeitsteilenden Forschungsmittel und Institute, des komplizierter werdenden Marktes die schöpferischen Kräfte und Unternehmungen an die wiederum weitgehend organisierte Masse ihres Publikums, ihrer Abnehmer und Arbeitnehmer. In einer derart vergesellschafteten Gesellschaft triumphiert die Idee der Arbeit, das Ethos der Arbeit, und mit ihrem Triumph verstärkt sich der Arbeitsdruck, verengt sich die freie, nach eigenem Ermessen noch gestaltete Zeit, und so entsteht als ihre Kompensation das karg bemessene Restphänomen der sogenannten Freizeit. Die Industrialisierung des ganzen Lebens, ob in Fabriken, Laboratorien oder in Büros, spart eine Zeit nur noch aus, in der man sich von ihr erholt und neue Kräfte für sie schöpft. Eine nach Umfang, aber auch nach Inhalt bemessene Zeit gestattet nicht, der Industrialisierung einfach den Rücken zu kehren und zu tun, was einem beliebt. Vielmehr zwingt diese ihren Rhythmus und ihr Ethos auch der Nichtarbeit auf, übt eine Diktatur, sei es seelisch, sei es materiell, da sie selbst wieder als Kultur- und Freizeitindustrie die Arten und Wege der Erholung für die Massen und den einzelnen entwickelt: die Reise, den Kunstgenuß, zuletzt auch das Spiel, das Spiel im Sport.

Unsere Gesellschaft ist ganz anders, viel intensiver als dies in der Antike, der mittelalterlichen und der frühneuzeitlichen Gesellschaft bis ins späte 18. Jahrhundert der Fall war, eine Gesellschaft des Leistungswettbewerbs. Durch den Wegfall der Standesprivilegien, eines anerkannten, dem Wandel der Zeit und den Auffassungen entzogenen Wertsystems, durch den Wegfall eines religiös verankerten, durch Herkommen geheiligten Kulturideals und unter dem Impuls einer fortschreitenden Wissenschaft hat sich diese offene Klassengesellschaft frei aufsteigender Schichten mit grundsätzlich gleichen Chancen für jeden im 19. Jahrhundert durchgesetzt und seitdem ihren Siegeszug von Europa und Amerika aus über die ganze Welt angetreten. „Freie Bahn dem Tüchtigen", und tüchtig ist, wer Erfolg und was Erfolg hat. Das Prinzip des freien Wettbewerbs, das wir nicht verwechseln dürfen mit dem Prinzip der freien Wirtschaft, bedeutet, da es durchaus in einer Planwirtschaft seinen Platz behauptet, also auch von dieser Seite aus gesehen Rastlosigkeit des Überbietens durch immer Neues: neue Erfindungen, neue Arbeitsmöglichkeiten, welche die alten, weniger effektiven, hinter sich lassen. Eine statische Gesellschaftsordnung hat also heute ihre Lebensmöglichkeiten verloren. An ihre Stelle ist eine dynamische, ungerichtete, offene Ordnung getreten, einerlei, wie ihre Glieder religiös und menschlich damit fertig werden. Es ist dies eine Gesellschaft, die nur das ungeschriebene Gesetz der Leistung kennt, und diese Gesellschaft sucht in ihrer Masse eben davon loszukommen von dem, was ihr Prinzip ist, von dem Prinzip der Arbeit, ohne jedoch verständlicherweise der mächtigen Suggestion, die von ihrem Leistungsprinzip ausgeht, sich noch entziehen zu können, ohne sich von ihrer Kultur- und Erholungsindustrie auch nur emanzipieren zu wollen, da sie damit, von allen technischen und materiellen Schwierigkeiten für die allermeisten nun ganz abgesehen, eine kaum erträgliche Spannung zwischen dem Alltag der Arbeit und der Freizeit heraufbeschwören müßte. Es wäre dies eine Spannung, die wiederum die allermeisten gar nicht ertragen könnten.

In einer solchen Lage bietet sich ein idealer Ausgleich im Sport, der das Element der Nichtarbeit mit dem Prinzip der Leistung verbindet und eine aus der Welt der Arbeit herausführende Befriedigung der in ihr gestauten Antriebe zur Überbietung des anderen, zur Bestätigung der eigenen Person und der eigenen Gruppe gewährt. So weckt also die Arbeitsgesellschaft ein Bedürfnis nach Ausgleich durch eine Art Erholung, die den zu kurz gekommenen Bedürfnissen nach harmonischer Beherrschung des Leibes, nach Selbstbestätigung und Überbietung des anderen Befriedigung verschafft: Leistung allerdings auch hier, Höchstleistung, Überwindung von selbstgewählten künstlichen Schwierigkeiten, Entspannung durch Ablenkung von sonst nicht geforderten Aufgaben, vor allem im Rahmen der körperlichen Existenz. Es versteht sich von selbst, daß, formal gesehen, die von der Arbeit ablenkenden Tätigkeiten natürlich Spielcharakter haben. Spielen mit Bällen, Spielen mit Karten, mit Schachfiguren, Spielen mit dem Gleichgewicht, Laufen, Schwimmen, Klettern, Springen usw. Gleichwohl wissen wir, Spiel und Sport fallen nicht ohne weiteres zusammen – weder äußerlich noch innerlich –, der Geist des Sports verlangt eine besondere Art von Disziplin, drängt also zur Regulierung, zur Perfektion und schließlich zum Rekord. Er ist dem Spiel dieser Art von Disziplinierung fremd, das sich zwar jederzeit zum Sport auswachsen kann, wenn es als Selbstzweck betrachtet und aus dem Lebenszusammenhang herausgelöst wird. Aber der Sport bewahrt, pädagogisch gesehen, glücklicherweise mit dieser Sphäre, mit der Betätigungsform des Spiels immer Kontakt. Wäre das nicht der Fall, so hätte er es nie zu der Stellung in der modernen Arbeitsgesellschaft – in ihr, ihr gegenüber – bringen können, zu der einzigartigen Popularität, die wir nun, glaube ich, etwas tiefer verstehen.

[Zur Popularität des Sports]

Wenn ich ganz kurz diese erste Wurzel dieses Phänomens, die erste Seite der Bedeutung des Sports in der industriellen Gesellschaft noch einmal kurz zusammenfassen darf, so ist das Paradoxe daran, daß er gewissermaßen eine dem Arbeitscharakter der Gesellschaft, der Arbeitsgesellschaft gegenüberstehende zweite Gesellschaft aufbaut, ein gesellschaftliches Verhalten, das Spielcharakter hat, aber nun den Spielcharakter zugleich zur Basis einer neuen Arbeitswelt nimmt. So stehen also, im Grunde genommen, dem armen Schlucker von heute zwei Arbeitswelten gegenüber, wo er von der einen in die andere wechselt. Wo er in der einen bis zum äußersten sich anspannen muß, um es zu etwas zu bringen, und er erholt sich von diesen Lasten, indem er in die andere hinüberwechselt, die ihn genauso erschöpft. Man wird wohl sagen, so schlimm sei es ja doch nicht. Gewiß, es erschöpfen sich nicht alle in der Arbeitswelt, wir kennen doch – man kann schon beinahe sagen: Gott sei Dank! – die übergroße Mehrzahl, die von einer gewissen Ruhe auch im Büro existiert. Diese wird sich nicht so arg anstrengen, wenn sie nun zum Sport übergeht. Natürlich, der Mensch ist glücklicherweise von einer ungeheuren Anpassungsfähigkeit. Wie mir einmal ein Arzt in Wiesbaden sagte, kommen merkwürdigerweise die meisten Erschöpften in seine Praxis – aus dem Bundesamt für Statistik. Das ist sehr merkwürdig. Es liegt nicht an der Statistik, sondern an der Art, wie das Gebäude gebaut ist. Es kann nämlich jeder jedem ins Fenster sehen. Das ist natürlich eine Form von Kontrolle, die nicht besonders angenehm ist, und daher kommt das Gefühl von Überdruck. Sie sehen, die industrielle Gesellschaft bietet viele Facetten der Möglichkeit, die Leute zu überanstrengen; das braucht nicht immer auf Freiwilligkeit zu beruhen oder auf gigantischem Ehrgeiz oder titanischem Pflichtgefühl, sondern das liegt in der Struktur der Sache selbst.

Nun zum zweiten. Alles, was in einer hochspezialisierten Gesellschaft an Schwierigkeiten vorfällt, mühevolle Arbeit, Beziehung, Herkunft, was dazugehört, um ins Licht der Öffentlichkeit zu kommen, das fehlt im Sport so gut wie ganz. Das Kind aus dem Volk, wenn es gesunde Anlagen und Spaß an der Sache mitbringt, hat hier eine einzigartige Chance der Publikation, und wie sehr die Menschen an der Publicity interessiert sind, das zeigt die ungeheure Begeisterung an allem, was immer in der Öffentlichkeit eine Figur ist, der Kinoheld, das Kinoideal, alles, was in den Bildzeitungen herumgeboten wird. Das Fernsehen verschärft diesen Zustand ins Unabsehbare, wie wir vorläufig sagen müssen. Alles dieses drängt dem einzelnen eine Möglichkeit des Gesehenwerdens und Geschätztwerdens auf, die für ihn noch im 19. Jahrhundert völlig fremd war. Hier also hat der poor man, das einfache Wesen aus dem Volk, eine einzigartige Chance. Wo sonst wird der Amateur höher geschätzt als der Professional? Wo sonst ist in gewissem Sinn die klassenlose Gesellschaft verwirklicht? Im Sport. Fast mühelos und wie selbstverständlich! Das Glück, das hier winkt, mag kurzlebig sein. Der Schnelläufer, der Hochspringer, der dieses und jenes gemacht hat, mag übermorgen vergessen sein. Wer fragt dann noch? „Einen Augenblick gelebt im Paradies, ist nicht zu teuer mit dem Tod bezahlt", – zumal, wenn das Leben weitergeht –, von der Erinnerung vergoldet, einmal wenigstens der Erste gewesen zu sein!

Im Sport integriert sich die Masse zu dem sozialen Zusammenhang, dem er die offene Klassengesellschaft der Arbeit als Möglichkeit vorhält und zugleich vorenthält. Er gewährt die unmittelbarste Popularität (auf welchem Niveau, das steht dabei gar nicht zur Debatte, da er doch nicht vorgibt, etwas zu sein, was er nicht ist). Er gewährt den direktesten Weg in die Öffentlichkeit, die Begegnung des einzelnen und seiner Gruppe mit der Masse. Der entwurzelte Städter, vereinsamt und den anonymen Institutionen ausgeliefert, findet hier außerhalb seines mehr oder weniger gezwungenen Arbeitsteams die echte Kameradschaft, den Kreis, der ihn achtet und auf ihn zählt, dem er etwas bedeutet, und zwar durch die Qualitäten, die im Alltag verborgen bleiben. Hier kann er für seine Person verwirklichen, was die vollendetste Demokratie einem jeden zwar rechtlich garantiert und was darum für die meisten von allen abstrakt bleibt: Ein gleicher Anspruch auf sozialen Aufstieg, auf Anerkennung und gleiche Chance im Leben. Denn was die demokratische Gesellschaft durch die Niederlegung der Standes- und Schichtengrenzen und Klassenschranken an Bahnen freilegt, versperrt sie auch wieder durch die Steigerung des Wettbewerbs aller gegen alle. Sie bremst, indem sie frei macht. Zu viele stehen am gleichen Start, um nicht das Gefühl zu haben, das Ziel bleibe ihnen doch vorenthalten, der Kampf zu schwer, die Anforderung zu hoch. Das wäre das zweite Motiv, und nun ein drittes.

Ein drittes, mächtiges Motiv der Popularität des Sports klingt hier an: das von der industriellen Gesellschaft im offenen Wettbewerb gezüchtete und zugleich an seiner Befriedigung gehemmte Bedürfnis nach Aggression. Im Grunde ist es nur der Ausdruck der allgemeinen Stauung, welche die moderne Gesellschaft in der Masse ihrer Glieder hervorbringt. Da sie Tendenzen entwickelt, deren Erfüllung sie um des Bestandes ihrer differenzierten Arbeitsteiligkeit willen zugleich unterdrückt. Ob diese moderne Aggressivität noch tieferreichende Wurzeln in der menschlichen Natur, in dem, was man Uraggressivität genannt hat, besitzt oder das allgemeine Unbehagen des Menschen in der Kultur überhaupt ausdrückt oder schließlich nur aus einer mit der industriellen Transformation besonders verschärften Spannung der modernen Gesellschaft kommt, das wollen wir hier dahingestellt sein lassen. [...]

Genug, der Impuls ist da, verstärkt durch die in der offenen Klassengesellschaft abstrakt gleichen Chancen, in der jedem das Bewußtsein eingeimpft ist, nicht nach oben boxen zu müssen. Er wird verstärkt durch die viel zahlreicher und intensiver gewordenen Frustrations-, Hemmungs-, Insuffizienz- und Minderwertigkeitsgefühle. Mit ihnen haben wir Anfänger der Freiheit für unsere Befreiung nun zu zahlen. Die Entstehung nicht nur des Minderwertigkeitsbegriffes, sondern des Minderwertigkeitsbewußtseins ist ja offensichtlich aufs tiefste verbunden gewesen mit dem Durchsetzen dieser modernen Gesellschaft. Mit der Idee, daß jeder sozusagen die Möglichkeit hat, aufzusteigen, muß sich notwendigerweise schon im Anlauf darauf das Gefühl einer Fraglichkeit einstellen. Nun, diese Reservoire gesteigerter Gehemmtheit der Gefühle finden reichlich Abfluß in die komplizierten Tätigkeitsformen des sozialen Getriebes, da ein großer Teil der sogenannten Arbeitsfreude wohl aus dessen Überdruck gespeist wird. Nur bremsen die Tätigkeitsformen zugleich wieder, verlangen Selbstzucht, verlangen Überlegung, die dann Sublimierungen der gestauten Impulse sein mögen, aber darum Kraft verbrauchen und Arbeit bedeuten. [...]

[Sittliches Verhalten im Sport]

Das Wort Ritterlichkeit, das an Feudalität und ständische Vorurteile erinnert, wird besser durch das Wort Sportivität ersetzt. Damit wird eine Ethik angedeutet, die an keinem Stand und keine Klasse und überhaupt an keine Werthierarchie metaphysischen Charakters mehr gebunden sein will. Damit kommen wir zu einer sehr eigentümlichen Funktion des Sports für die moderne Industriegesellschaft, an die man gewöhnlich nicht denkt, nämlich an die ethische Perspektive des Phänomens. Sportiv beträgt sich jemand, der den Gegner achtet, fair behandelt, seine eigenen Chancen nicht kleinlich wahrnimmt und die Regeln einhält, auch wenn ihm daraus Nachteil erwächst, ja, wenn er vor allen Dingen verlieren kann. Ein good loser zu sein, ist fast das Kriterium echter Sportivität. Es ist schwerer, als den Besiegten nicht zu demütigen. Sportivität umfaßt Kameradschaftlichkeit, freie Unterordnung unter die Gruppe, Pflege des Teamcharakters, Mut, Ausdauer, also Tugenden, die schon von jedem in Situationen kämpfenden Wettstreits erwartet werden können. Von hier aus hat der Sport begonnen, die Arbeitswelt nach seiner Gesinnung umzustilisieren.

Die industrielle Welt und industrielle Gesellschaft hat außer den unbesehen hingenommenen christlichen Normen heute nichts mehr, was sie als Ganzes noch über sich und für wirklich verpflichtend anerkennt. Man sehe nur ihren inneren und äußeren Pluralismus, das Nebeneinander der religiösen Bekenntnisse und Philosophien, der staatlichen und außerstaatlichen Ideologien, die Zerklüftung in Wertsysteme verschiedenster Art, die einander ausschließen. Wir wissen dies und haben es erfahren. Wenn die industrielle Gesellschaft einmal tatsächlich die Chance bekommt, das politische Verhalten zu bestimmen, dann wird dies zur Vernichtung führen müssen. Der Pluralismus der heutigen Gesellschaft läßt im Grunde nur ein neutrales, ein indifferentes Ethos formaler Haltungen zu, das auf allen Inhalt – sei er irdisch oder überirdisch – verzichtet. Rassenunterschiede, Klassenunterschiede, Standes- und Bildungsunterschiede sind ebenso dabei ausgeschaltet wie Unterschiede des Glaubens. Der andere ist also, rein formal genommen, nichts anderes als der Mit- oder Gegenspieler, ein in gleicher Weise sich fügendes Gegenglied einer durch Regeln frei begrenzten Situation. In das Schema dieses Ethos paßt aber nicht nur der Sport, sondern, wenn man sie formal und funktionell in ihrem Wesen faßt, im Grunde die ganze Arbeitswelt. Der Sport konnte sich entwickeln, da er gewisse Züge der Arbeitswelt mit übernimmt und in sich konserviert, unter Verzicht auf die Pflichten des Alltags. [...]

So wie die Olympiaden den ständigen Agon markieren, so markieren ihn die Nobelpreise in gewissen Abständen, in etwas engeren Abständen, den ständigen Agon eben unserer modernen wissenschaftlichen Welt. Wir leben heute in einer Kultur, die ihr Ziel nicht angeben kann, wie es die mittelalterliche, die Kultur der Aufklärung, des Fortschrittsglaubens bis tief in das 19. Jahrhundert mit gutem Gewissen konnte. Die gegenwärtige Kultur kann und wagt es nicht mehr. Eine solche Kultur, die das nicht kann, hat keine andere Wahl, als sich auf neutral-formale Funktionswerte der sauberen Leistung, der Pflege des Fair play und all der anderen Tugenden gleichsam zurückzuziehen, die auch der Sport pflegt. Sie macht darum aus Beruf und Arbeit einen Sport. Diese Tatsache berührt die Gesinnung und den persönlichen Glauben des einzelnen Menschen nicht. Der einzelne Sportsmann kann ein gläubiger Katholik, Protestant, Mohammedaner, Marxist sein, aber die Gesamtheit berührt und bestärkt sie in ihrem Leistungswillen, ihrer Rekordsucht, ihrer Überbewertung der Funktion, ihrem Indifferentismus gegen Ziele, ihrer Geringschätzung alles dessen, was sich nicht in Leistung offenbart und an Leistungsmaßstäben fassen läßt. So hat das

Bündnis zwischen Industrialismus der modernen Welt und dem Sport neben den guten auch seine bösen Seiten. Wie der Sport ihr seine Form aufprägt, sie der Rekordsucht und diesen Entartungen ausliefert, so nimmt der Industrialismus, umgekehrt von ihm, den Funktionalismus und Formalismus an, der im Gewande einer Ethik untadeliger Unverbindlichkeit auch da noch zu spielen gestattet, wo die Existenz auf dem Spiele steht. Um mich noch deutlicher auszurücken: die agonale Gesinnung des Sports wirkt auf die Gesellschaft zurück und lenkt sie von sich ab, so daß sie sich selber nur noch als Wettkampf versteht, mit oder ohne Plan. Die kriegerischen Tendenzen sind weit davon entfernt, im Sport ihre fiktive Erfüllung ganz zu finden – wie dies zum Beispiel Nietzsche noch von ihm erhoffte und mit einem gewissen Recht erhoffen durfte –, denn der Sport lebt von gestauter Aggressivität, welche das geordnete bürgerliche Leben an ihrer Auswirkung verhindert. Die kriegerischen Tendenzen erfahren ihrerseits auf diese Weise eine ideelle, um nicht zu sagen eine ideologische Rechtfertigung durch das Ethos der Sportlichkeit. Dieses Ethos macht die Menschen gegen tiefere Besinnung auf den Zweck ihres Tuns, die Grenzen seiner Steigerungsfähigkeit immun. Es nimmt ihnen den Sinn für Ruhe und Maß, Muße und Spiel. Wenn es ihnen wenigstens die Möglichkeit ließe, über ihre Rastlosigkeit zu erschrecken. Aber selbst die Möglichkeit des schlechten Gewissens scheint es ihnen amputieren zu wollen und befördert, ohne es zu beabsichtigen, auf diese Weise die kriegerischen Tendenzen, welche ohnehin und aus vielen anderen Gründen unsere Zeit beherrschen.

Man wird, fürchte ich, aus meinen Ausführungen, besonders unter dem Eindruck dessen, was ich soeben sagte, das Negative stärker herausgehört haben als das Positive und mich unter die vielen Kulturpessimisten einreihen wollen, die im Sport nur ein Verfallssystem sehen. Man wird es vielleicht heraushören, weil doch ein Professor, ein Vertreter des Geistes, dem sogenannten Ungeist des Sports mit Abneigung gegenüberstehen müsse. Für manche Gelehrte mag das auch heute noch zutreffen. Aber wir alle kennen ja auch lebendige Gegenbeweise, und ich möchte behaupten, daß die Sportfremdheit unter den Intellektuellen alten Schlages so ziemlich schon allein mit der Verbreitung des Ausdrucks ausstirbt. Das hängt nicht nur mit der Veränderung des Lebensmilieus, vor allem mit dem des Verkehrs zusammen, das hat auch andere Gründe der Umstilisierung des geistigen Lebens, seiner Spezialisierung, seiner Aufteilung in Fächer und Funktionen, seiner wachsenden Abhängigkeit vom Markt einer in gewaltigen Apparaten arbeitenden Kulturindustrie, die genauso wie die materielle Güterproduktion ihre Unternehmer, ihre Manager und ihre Arbeiter hat. Das klingt nicht heiter, und auch meine Diagnose des Sports klang in gewisser Weise düster. Schon seine Herleitung aus der Aggressivität scheint einen Schatten auf ihn zu werfen, als wolle sie ihm seine Echtheit und Fröhlichkeit und Unbeschwertheit nehmen. Aber das genaue Gegenteil ist der Fall. Der Sport kann seine entlastende Entspannung, befreiende und erfrischende Funktion für die vielen, die im Schlagschatten des Fortschritts leben – und wer wäre das von uns nicht –, nur in der Form erfüllen, die er unter dem Andrang der modernen Gesellschaft entwickelt hat. Er hat zum Beispiel einen unleugbaren, wenn auch schwer abschätzbaren Einfluß auf die

Gesundheit der Völker; und wäre es nur durch seinen Appell an die Gesundheitsgesinnung. [...]

Der Sport ist nicht besser und nicht schlechter als die Gesellschaftsordnung, der er entstammt und für die er einen Ausgleich darstellt. Man kann nicht sie bejahen und ihn verneinen. Was der einen recht ist, ist dem anderen billig. Sie gehören zusammen: Seine Rekordsucht ist ihre Rekordsucht. Man wird ihn nicht ändern, ohne den Mut und die Kraft zu haben, auch sie zu ändern. Er ist ihr Gegenbild und sie seine Gegenwelt, und das Urteil, das ihn verdammt oder bewundert, verdammt oder bewundert auch sie.

H. Plessner

Erläuterungen:

339 **Frustration:** Vereitlung, Versagung; ein durch Zwang herbeigeführter Verzicht auf Triebbefriedigung oder Wunscherfüllung. Häufige Frustrationen können Aggressionen hervorrufen.
339 **Insuffizienzgefühl:** Unzulänglichkeitsgefühl
349 **Sublimierungen:** Die Umwandlung von triebhaft bedingten Strebungen in Impulse geistiger Leistungen
380 **Ethos:** eine bestimmte Haltung des Menschen gegenüber der Welt, die sich an sittlichen Maßstäben bemißt.
384 **Agon:** Wettkampf
408 **Nietzsche:** dtsch. Philosoph und Kulturkritiker 1844–1900

---

1. Zeigen Sie, daß für Plessner der Mensch ein bedürftiges Wesen ist, das diese Bedürfnisse u. a. durch Sport und Spiel zu befriedigen versucht. Nennen Sie solche Bedürfnisse. Wie steht es mit dem Bedürfnis nach Erholung und was bedeutet dieses für den Sport?
2. Wie bezeichnet Plessner unsere gegenwärtige moderne Industriegesellschaft? Wodurch unterscheidet sie sich von anderen Formen der Gesellschaft?
3. Wie äußert sich Plessner zum Verhältnis von Freizeit und Arbeit? Erwägen Sie im Anschluß daran ganz allgemein die Beziehung zwischen Sport und Freizeit.
4. Charakterisieren Sie den Unterschied zwischen Spiel und Sport.
5. Plessner bringt die Sprache auf die „Popularität" und damit auf die Gesellschaftsbezogenheit des Sports. Welche Motive macht er für diese Popularität verantwortlich?
6. Was spricht für Plessners Annahme, daß Sport und Arbeitswelt sich nicht ausschließen müssen? Setzen Sie diese Auffassung mit der Annahme von der „Ausgleichsfunktion" des Sports in Beziehung!
7. Plessner stellt die „bösen Seiten" des Verhältnisses von Sport und moderner Industriegesellschaft heraus. Welche sind das? Welche Meinung vertreten Sie selbst?
8. Was versteht Plessner unter „Sportivität"? Erörtern Sie das Problem einer „sportlichen Ethik". Fertigen Sie dazu eine Stoffsammlung an.
9. Versuchen Sie im Anschluß an Plessner und über diesen hinausgehend einige grundsätzliche Probleme über den Zusammenhang von Sport und Gesellschaft zusammenzustellen.
10. Dieser Aufsatz ist bereits 1952 erstmalig als Vortrag erschienen. Prüfen Sie, ob seine Argumente auch in der Gegenwart noch unbestrittene Geltung besitzen.

II. Ursprünge des Sports in der Industriegesellschaft

Einleitung zu v. Krockow:

H. v. Krockow bemüht sich in der vier Kapitel umfassenden Abhandlung „Sport und Industriegesellschaft" um den Aufweis desjenigen Zusammenhanges, der zwischen den Prägezeichen der industriellen Gesellschaft und dem Sport besteht. Diesen Anspruch glaubt er u. a. dadurch erfüllen zu können, daß er nach den Ursprüngen des modernen Sports selbst fragt. Aus einem solchen Angang resultieren dann auch aufschlußreiche Bemerkungen über den sportlichen Leistungsgedanken und dessen soziale Verflechtung.

Es ist bewußt darauf verzichtet worden, in diesem Zusammenhang v. Krockows Prinzip der „Weltausgrenzung" darzulegen, obschon dieser Gedanke ein Grundelement dieser Schrift bildet. Nur soviel sei vermerkt: wenn v. Krockow von „Weltausgrenzung" des Sports spricht, so meint er dies in einem zweifachen Sinn: einmal wird der Sport gegenüber der Arbeitswelt ausgegrenzt und zum anderen gegenüber der Sorge und einer nach Herrschaftsprinzipien gesteuerten Welt.

2 „Sportliche" Betätigungen im weitesten Sinne hat es wohl zu allen Zeiten und in allen Kulturen gegeben; „unsere Altvorderen haben seit grauester Vorzeit, wenn sie Vergnügungen suchten, wirklich nicht nur Fliegen gefangen, ebensowenig wie die Vorfahren anderer Völker"[11]. Ritterliche Turniere der Herren, rustikale Vergnügungen der Massen, kultische Spiele: sie alle schlossen die bald derbe und unregulierte, bald hoch stilisierte körperliche Betätigung ein. Auch Erwerbsstreben hat es in vielfältigen Formen fast überall gegeben, und sogar „Kapitalismus" ist weder eine Erfindung der europäischen Neuzeit noch gar ein englisches Privileg.

Was indessen die englische Entwicklung auszeichnet, ist ihre seit dem siebzehnten Jahrhundert ständig zunehmende Tendenz zur Rationalisierung, Methodifizierung, Regulierung. Sie hat im Bezirk der sportlichen Leistungen einen so einfachen wie handfesten, für die Jünger Coubertins freilich eher peinlichen Grund: Wettkampf ist – oder vielmehr wird immer stärker – buchstäblich Wett-Kampf; man wettet, ob jemand eine bestimmte, zuvor festgesetzte Leistung vollbringen kann oder nicht. Um aber eine Wette, bei der hohe, oft horrende Beträge auf dem Spiel stehen, eindeutig entscheiden zu können, bedarf es der Festlegung: Wie lang ist die Strecke? Welche Zeit wird vorausgesetzt, welche benötigt? Wer ist – im Falle des Vergleichskampfes – der Sieger? Kurzum: Man muß messen, man muß fest-stellen. Wenn deshalb gesagt worden ist, daß ein neues, genaues, reguliertes Zeitbewußtsein und mit ihm die Verbesserung der Uhrentechnik überall die moderne Wirtschaftsentwicklung kennzeichnen, dann kann man hinzufügen: Es ist kennzeichnend für die moderne Sportentwicklung, daß in England bereits im Jahre 1731 Stoppuhren ticken.[12] [...] So

[12] Vgl. Kloeren: Sport und Rekord. Leipzig 1935, S. 216.

entstand bald nach der Oktoberrevolution in Rußland eine „Zeitliga", die unter anderem in Fibel-Versen ein minuziöses Zeitbewußtsein durchzusetzen versuchte[13]. Sportliche und sozio-ökonomische Entwicklung erweisen sich hierin als prinzipiell gleichgerichtet.

Im einzelnen bewegt sich das sportliche, vom Geist des Wett-Kampfes bestimmte Leistungsstreben natürlich auf langen, oft gewundenen Pfaden seinem Ziele zu. Zunächst ist es die singuläre Leistung überhaupt, die Bewunderung erregt, etwa der Gewaltritt von Sir Robert Carey, der 1603 die Nachricht vom Tode der Königin Elisabeth in nur drei Tagen an Jakob VI. nach Edinburgh überbringt[14]. Und schon zur Zeit Heinrichs VII. hatte ein Hofkaplan – der spätere Kardinal Wolsey – einen Grundstein zu seiner Karriere dadurch gelegt, daß er den Weg vom Hof seines Herrn zum Hoflager Kaiser Maximilians in Flandern und zurück in – wie wir sagen würden – „Rekordzeit" zurücklegte[15]. Der Begriff des Rekordes kommt freilich für die sportliche Spitzenleistung erst Jahrhunderte später in Gebrauch; er ist erst seit 1883 nachgewiesen[16]. Ursprünglich meint „record" eine gerichtliche Urkunde mit unumstößlicher Beweiskraft.

Aber der Weg zum Rekord*prinzip* wird doch bald gebahnt. Es beruht ja auf den genau nachprüfbaren, damit grundsätzlich reproduzierbaren Leistungsbedingungen und der ebenso genauen Nachmessung tatsächlich erbrachter Leistungen. Denn damit löst sich die Höchstleistung von ihrer Einmaligkeit, vom Augenblick; sie wird, auch wenn sie zu verschiedenen Zeiten oder an verschiedenen Orten erbracht wird, vergleichbar durch die Gleichheit ihrer Bedingungen. Sie kann überboten werden.

Solche Leistungsvergleiche werden grundsätzlich möglich, seit – besonders nach der Restauration von 1660 – die „matches against time" in Mode kommen[17]. Man wettet etwa, ob es möglich sei, die Strecke London–York und zurück fünfmal in sechs Tagen zurückzulegen[18]. Weil es sich zunächst meist um ausgesprochene „Marathon"-Rennen handelt, deren Mühsal und Aufwendigkeit ihre Reproduktion erschwert, werden tatsächliche Leistungsvergleiche allerdings nur selten versucht. Das ändert sich in dem Maße, in dem Rennen über kürzere Strecken, mehr und mehr auch auf besonderen, abgesteckten Bahnen, populär werden; sie ermöglichen zugleich den direkten Konkurrenzkampf. Und weil es dabei auf die Schnelligkeit des Pferdes ankommt, wird die Zucht von Rennpferden wichtig. So verdankt die Pferdezucht dem Wett-Eifer die entscheidenden Anstöße, die schließlich zum weltweiten Triumph des englischen Vollblüters führen[19]. In der Tat: „The concentration of the gambling spirit

13 F. Baumgarten: Arbeitswissenschaft und Psychotechnik in Rußland. München 1924, S. 111 f. – Ein Beispiel für fortdauernde sowjetische Zeit-Erziehung gibt K. Mehnert: Der Sowjetmensch. Stuttgart 1958, S. 58. – Zur generellen Bedeutung präziser Zeit-Organisation in der modernen Gesellschaft vgl. T. Parsons, The Social System. Glencoe/Ill. 1951, S. 302.

14 Vgl. Kloeren, S. 185 f.

15 Vgl. Kloeren, S. 187 f.

16 Vgl. Kloeren, S. 184.

17 Vgl. Kloeren, S. 194 ff.

18 Vgl. Kloeren, S. 195 f. – Dieses Rennen fand bereits 1606 statt.

19 Vgl. Kloeren: Studien zur Geschichte der Pferdezucht, a. a. O., S. 120 ff.

[...] on horse-racing has, in less than a century, laid the foundation of the finest breed of horses in the world."[20]

Die Wettleidenschaft beschränkt sich indessen keineswegs auf Pferderennen. Die Herren des siebzehnten und achtzehnten Jahrhunderts halten als Bedienstete „footmen", Läufer, die zu Fuß die Kaleschen begleiten, sie auf den – durchweg miserablen – Wegen vorm Umstürzen bewahren und am Ende der Reise, vorauseilend, ihre Ankunft melden sollen. Was liegt näher, da jeder Adlige den besten „footman" haben will, als diese trainierten Läufer gegeneinander Rennen austragen zu lassen und dabei Wetten abzuschließen? Der „footman" wird dabei „von der Oberschicht ebenso als Wettobjekt betrachtet wie das Pferd, und die ‚footraces' bildeten nur eine weitere Variation in dem ausgedehnten Programm ihrer ‚Wett'-Sports"[21]. Das Prinzip läßt sich unendlich variieren, und bisweilen kommt es zu grotesken oder makabren Auswüchsen: Kleinkinder werden gegeneinander gestartet – oder Invaliden mit einem Holzbein. Aber das bleiben Randerscheinungen; durchweg geht es doch um die Höchstleistung des trainierten Pferdes oder Mannes, und es folgt bald ein weiterer, konsequenter Schritt zur Verselbständigung des sportlichen Moments: die Anlage spezieller Wettkampfbahnen. Voltaire, als er England besucht, beschreibt 1727 eine solche Anlage[22].

Insgesamt läßt sich damit, diktiert vom Drängen der Wettleidenschaft auf die Verbindung von Entscheidungsoffenheit und Entscheidungspräzision, bereits an der Frühphase der modernen Sportentwicklung in England die Herausbildung zweier Grundprinzipien deutlich erkennen:

1. die Tendenz zur *Höchstleistung* und

2. die Tendenz zur Vergleichbarkeit der Leistungen, das heißt zur *Konkurrenz*.

Beide Prinzipien gehören unmißverständlich zusammen, denn was eine *Höchst*leistung ist, läßt sich ja nur ermitteln, wenn sie mit anderen Leistungen im Wett-Kampf verglichen wird. Die Konkurrenz andererseits wäre sinnlos, wenn sie sich nicht auf Leistungen bezöge, die ihrerseits durch einen gemeinsamen Maßstab erkennbar und allgemeingültig ablesbar gemacht werden. Es liegt nahe, diese Sportentwicklung mit der modernen Wirtschaftsentwicklung zu vergleichen, in der im Bedingungsrahmen des jeweiligen Marktgefüges die Profitmaximierung zum Erfolgs- oder gar zum „Begnadungs"-Kriterium des Unternehmers zu werden bestimmt ist. Im übrigen drängt, wie schon angedeutet, die Verbindung von Leistungs- und Konkurrenzprinzip im Sport zur Ausbildung des Rekordgedankens, auch wenn dieser erst sehr viel später, ein eigenes, verselbständigtes sportliches Organisations- und Dokumentationsinstrumentarium voraussetzend, ausdrücklich formuliert und praktiziert wird.

Chr. Graf v. Krockow

[20] S. Sidney: The Book of the Horse, rev. ed. by B. C. A. Blew. London 1898/99, S. 62.
[21] Kloeren, S. 202.
[22] Voltaire, F. M. A. de, Lettres Philosophiques, édition critique par G. Lanson. Paris 1909; Supplément II.

1. Nennen Sie Wurzeln sportlicher Betätigung.

2. Welche Prinzipien der modernen Sportentwicklung rückt v. Krockow in dem vorliegenden Text zunächst in den Vordergrund?

3. v. Krockow differenziert zwischen Formen des Sporttreibens. Welche stellt er zu Beginn besonders nachhaltig heraus? Charakterisieren Sie diese.

4. Kann man sagen, daß auf der Grundlage dieses Abschnitts die Entwicklung des modernen Sports in eine andere Richtung weist als die gesellschaftlich-wirtschaftliche?

5. Erörtern Sie die Frage, inwieweit das Aufkommen des sportlichen Leistungsprinzips von bestimmten Verhaltensweisen des Menschen abhängig ist. Suchen Sie die entscheidende Textstelle heraus.

6. Nach v. Krockow hängt das Leistungsprinzip aufs Engste mit einem weiteren Prinzip zusammen. Welches ist das? Wie kann ihr beiderseitiges Verhältnis ausgelegt werden?

B. Der gesellschaftskritische Aspekt des Problems

Die Gesellschaftsbezogenheit des Sports findet gegenwärtig ihren augenfälligen Niederschlag darin, daß man nicht länger gewillt ist, dem Sport einen Schonraum zu gewähren. Im Gegenteil: der Sport, insbesondere der Leistungssport gerät mehr und mehr in den Brennpunkt „kritischer" Stimmen, die, ausgehend von einer umfassenden Gesellschaftskritik, für eine Erneuerung des Sports eintreten. Wie diese Kritik vorgetragen wird und wie sie sich rechtfertigt, soll exemplarisch in den Beiträgen von Kesting u. a. dargestellt werden, während die Texte von Lenk, v. Krockow, Scherer und Dämpfert diese massiven Vorwürfe zu widerlegen suchen. Sie vereinen in ihren Ausführungen schließlich Kritik und Gegenkritik.

I. Der Zusammenhang von Leistungsprinzip und industrieller Arbeit

3 Der Begriff der „Leistungsgesellschaft" ist insofern ein Fremdkörper in der soziologischen Terminologie, als er über seinen deskriptiven Gehalt hinaus mit normativen Vorstellungen belastet ist; wegen dieser Ambivalenz hat er sich der wissenschaftlichen Verwendung – jedenfalls in Deutschland – bisher entzogen. Wie kaum ein anderer typisierender soziologischer Begriff vereinigt er beschreibende Elemente mit einer wertenden Selbstinterpretation einer gesamtgesellschaftlichen Struktur. In sozialpolitischen Auseinandersetzungen und vor- oder halbwissenschaftlichen Stellungnahmen findet er häufig Verwendung und fungiert dort als universelles Legitimierungsprinzip, an dem jeweils bestimmte Ausschnitte der Sozialstruktur gemessen und kritisiert werden. Wenn man von diesem vorwissenschaftlichen Selbstverständnis industrieller – und wohlgemerkt nicht nur industriell-kapitalistischer – Gesellschaften ausgeht, so wird man durch dessen Präzisierung daher nicht zu einer Beschreibung der Sozialstruktur selbst, jedoch zu einer Beschreibung des wichtigsten status-legitimierenden Organisationsprinzips kommen, das diese Gesellschaften selbst als verbindlich akzeptieren oder sogar als erfüllt ausgeben. Unter „Leistungsgesellschaft" ist zunächst also nur ein zur Norm erhobenes und vielfältig institutionalisiertes Modell der sozialen Prozesse zu verstehen, die den Status von Individuen bestimmen und sanktionieren.

Eine Gesellschaft, die sich selbst als Leistungsgesellschaft konzipiert, erhebt damit einen bestimmten Mechanismus der Statusverteilung zur Norm. Kluth hat das normative Modell der „Leistungsgesellschaft" folgendermaßen beschrieben:

„In der Industriegesellschaft beginnt sich unter der Decke des Wertpluralismus eine Art Wertmonismus durchzusetzen. Es scheint zumindest so, als ob in den Industriegesellschaften die ‚Leistung' keineswegs nur noch Regulativ und Verteilungsnorm der wirtschaftlichen Arbeit ist, sondern mehr und mehr zum regulierenden Prinzip und Wert aller Lebensbereiche wird. Man könnte [...] sagen, daß die Leistung auf dem besten Wege ist, zur einzigen allgemeinverbindlichen Wertkategorie der Industriegesellschaften zu werden. Quantum und Qualität der Arbeit werden als Leistungsgrößen begriffen; die materiellen und sozialen Chancen der Gesellschaft sollen ebenso nach dem Maß der individuellen Leistung verteilt werden, wie die Anerkennung und die Wertschätzung, die jemand beanspruchen und erwarten darf. – Der antiständische Akzent der bürgerlich-industriellen Welt ließ von Anfang an jeden Sozialanspruch als verdächtig und ungerechtfertigt erscheinen, der nicht durch eine zumindest dem Prinzip nach quantifizierbare Leistung zu begründen ist. Leistung gilt [...] als der einzig legitime Maßstab gesellschaftlicher Honorierung jeder Art. Das setzt zunächst einmal die Überzeugung voraus, daß alles menschliche Tun meßbar und damit auch objektiv überprüfbar ist. Dem entsprechen zum Beispiel die vielfältigen Bemühungen, zumindest alle menschlichen Arbeitstätigkeiten meßbar und als ‚quantitative Größen' objektiv vergleichbar zu machen. (Es gibt ein) industriegesellschaftliches Ideal, dem alle Leistung der genaue Ausdruck einer Gegenleistung ist.“[1]

Auffallend ist die eigentümliche Ambivalenz des leistungsgesellschaftlichen Verteilungsmodells. Seine gesellschaftspolitische Intention entstammt zweifellos der Tradition des egalitären Denkens, also der Abwehr aller funktional nicht zu rechtfertigenden sozialen Vorrechte und ständischen Mobilitätshindernisse. Die Intention richtet sich außerdem auf die umfassende Entfaltung der menschlichen Produktivkräfte und des industriellen Wohlstandes. Schließlich wird eine ausgesprochen individualistische Weise der gesellschaftlichen Statusverteilung angestrebt, insofern das Individuum der ausschließliche Bezugspunkt von distributiven Prozessen sein soll. Diese Intentionen finden sich zuerst im Werke von Saint-Simon als utopisches Gesellschaftsmodell vereinigt.

Auf der anderen Seite fungiert das Leistungsprinzip nicht nur als Norm, die Gleichheit gewährleistet, sondern ebensosehr als Legitimationsprinzip, das gesellschaftliche Ungleichheit rechtfertigt; indem es den Anspruch auf soziale Gleichheit propagiert, engt es ihn ein.[2] Es sanktioniert solche Formen der Ungleichheit, die durch individuelle Leistungen zustande gekommen sind.

Insofern ist das Leistungsprinzip *auch* eine Norm der Ungleichheit.

Aus dieser seiner zweiten Funktion, Ungleichheit zu legitimieren, ergibt sich schon teilweise der Stellenwert, den das Leistungsprinzip vor allem in kapitalistischen Industriegesellschaften hat. Das markante Gefälle der materiellen und immateriellen Lebenschancen, das sich in solchen Sozialstrukturen findet, bedarf einer erklärenden Rechtfertigung, die angesichts der egalitären Systemprämissen nicht mehr aus vorindustriellen Legitimationsmustern der Statusverteilung zu beziehen ist. – Die hohe funktionale Bedeutung des Leistungsprinzips liegt außerdem darin begründet, daß in industriellen Gesellschaften ein großer und wachsender Anteil der Arbeitsprozesse sich in nur mittelbarem Kontakt zu Märkten vollzieht: Arbeit ist typischerweise in organisierte Sozialgebilde eingeschlossen. Während die liberale Frühform des Kapita-

1 H. Kluth: Amtsgedanke und Pflichtethos in der Industriegesellschaft, Hmb. Jb. 10 (1965), S. 11–22, hier S. 18
2 Das hat Marx kritisiert. Vgl. K. Marx: Kritik des Gothaer Programms. Berlin 1955

lismus die anschauliche Bewertung individueller Arbeit von Warenproduzenten jederzeit durch die unmittelbare Preisbewertung auf Märkten gewährleistete, bedeutet das Aufkommen großorganisatorischer Arbeitsformen eine zumindest zeitweise Exemtion der arbeitenden Individuen aus den Bewertungsmechanismen des Marktes.[3] Daraus ergibt sich die Notwendigkeit, die ehemals in Marktpreis-Relationen dargestellten Wertrelationen von Leistungen *unabhängig* vom Marktmechanismus zu ermitteln und zur Grundlage der Statusverteilung zu machen. Dies geschieht durch die Kategorie preis-unabhängig ermittelter Leistung. Auf diese Weise findet die besondere Relevanz des Leistungsbegriffes für die Bewertung von Arbeit in *organisierten* Sozialgebilden ihre Erklärung.

Wenn man von diesem Vorverständnis des Modells der Leistungsgesellschaft und der auf ihm aufbauenden arbeitswissenschaftlichen und betriebswirtschaftlichen Literatur ausgeht, läßt sich der Kern dieses Modells folgendermaßen umreißen: allgemein gilt, daß der soziale Status von Individuen von ihrem Status innerhalb der Arbeits- und Produktionssphäre abhängig sein soll. Ihr Status in den hierarchischen Organisationen der Produktionssphäre ist seinerseits abhängig zu machen von individueller Leistung.

C. Offe

[3] F. Fürstenberg: Probleme der Lohnstruktur. Tübingen 1958

Erläuterungen:

2 **deskriptiv:** beschreibend

3 **normative Vorstellungen:** Wertvorstellungen

3 **Ambivalenz:** Doppelwertigkeit

13 **Sozialstruktur:** dauerhafte Wirkungszusammenhänge, die den Aufbau einer Gesellschaft bestimmen. Sie treten in und zwischen Gruppen, Organisationen und Institutionen auf und bilden das soziale Netzwerk, in das jeder Mensch, vor allem in seinen Handlungen, eingebettet ist.

20 **Statusverteilung:** Standortverteilung für ein Individuum oder eine Gruppe in der unter bestimmten Wertgesichtspunkten entwickelten Rangordnung eines sozialen Systems. Sie wird zum Teil durch persönliche Eigenschaften bestimmt, meist jedoch durch Merkmale wie Einkommen, Herkunft, Beruf sowie Wohngegend und Konsumverhalten. Mit dem Begriff Status hängen sehr eng die Begriffe Position und Rolle zusammen.

22 **Wertpluralismus:** Auffassung, nach der die Wirklichkeit aus einer Vielfalt von Bereichen besteht, die sich nicht aufeinander zurückführen lassen und durchaus gegeneinander stehen können.

23 **Wertmonismus:** Bezeichnung für Weltanschauungen, die alle die Wirklichkeit auf einen einzigen Grundwert zurückführen.

48 **distributiv:** verteilend

49 **Saint-Simon:** französischer Sozialtheoretiker, 1760–1825.

54 **sanktionieren:** bestätigen, anerkennen

69 **Exemtion:** Befreiung von einer Pflicht

1. Umreißen Sie die Absichten des Verfassers in diesem Abschnitt.

2. Kennzeichnen Sie die soziologische Problematik des Begriffs „Leistungsgesellschaft".

3. Mit welchen Begriffen versucht Offe den Charakter der „Leistungsgesellschaft" zu bestimmen?

4. Offe bezieht sich auf ein Zitat (Z. 22–41). Was halten Sie an dieser Aussage für diskussionswürdig?
5. Wie stellen Sie sich nach der Lektüre Offes zu der Auffassung, daß die moderne Industriegesellschaft eine Leistungsgesellschaft sei?
6. Kennen Sie noch andere Bezeichnungen für Leistungsgesellschaft, mit denen man die spezifische Gesellschaftsform der BRD charakterisieren will? Und worin bestehen deren zentrale Gedanken?

II. Zur Kritik an der Sporthilfe

4 „Wir haben uns in der Bundesrepublik zu sehr daran gewöhnt, daß alles der Staat, die Öffentliche Hand machen muß. In den Vereinigten Staaten von Amerika zum Beispiel haben wir über die Jahre hinweg viel mehr wirkliche Bürgerinitiative erlebt. Ich sehe das Besondere an der Sporthilfe darin, daß hier an echter Bürgerinitiative dem hinzugefügt wird, was der Staat tun kann und tun soll." Mit diesen Worten erhielt die Stiftung Deutsche Sporthilfe von höchster Stelle, durch Bundeskanzler Willy Brandt, ihren Segen. Über die Motive des Kanzlers, die noch junge Institution für Sportförderung seiner Unterstützung zu versichern, braucht man nicht lange zu rätseln: kein verantwortlicher Politiker kann es sich leisten, den Sport, der die emotionalen Energien der Bevölkerung wie kaum ein anderes gesellschaftliches Phänomen bindet, als Nebensache zu behandeln oder gar zu ignorieren. Die Argumente, mit denen die Sporthilfe ihre Existenzberechtigung nachzuweisen versucht, werden zwar von regierungsamtlicher Seite nur mit Zurückhaltung verwendet, alle nationalen Töne, wie man sie aus dem Mund von Sporthilfe-Chef Josef Neckermann zuweilen vernehmen kann, sorgfältig vermieden. Aber es fehlt der Sporthilfe nicht an verbaler Unterstützung aus Bonn, wenn hier auch die CDU-CSU-Opposition der Regierungskoalition lange schon den Rang abgelaufen hat.
Verwunderlich ist freilich, daß der Bundeskanzler den Begriff „Bürgerinitiative" auf die Stiftung Deutsche Sporthilfe anwendet. Er folgt darin Josef Neckermann, der in einem Artikel im SPD-Organ „Vorwärts" vom 12. September 1968 die ideologischen Grundlagen und Ziele der Sporthilfe unter der Überschrift „Bürgerinitiative hilft Spitzensportlern" bestimmte.
Bürgerinitiative: das ist, wenn der Begriff soziologisch irgend Sinn haben soll, mehr als eine Vereinigung von Bürgern zur Erreichung eines bestimmten Zwecks. Der Begriff scheint gebunden an den der Bürgerrechte, die in der Wirklichkeit unserer Gesellschaft nicht immer hinreichend wahrgenommen werden; er hat zu tun mit den Problemen von Minderheiten, mit dem Versuch von Bürgern, auf der untersten Ebene der Gesellschaft, dort, wo die gewählten Institutionen nicht ausreichen, außerhalb dieser und manchmal auch gegen sie, Elemente unmittelbarer Demokratie zu praktizieren. Bürgerinitiative bezieht sich auf die unmittelbaren Interessen jener Bürger, die initiativ werden: wenn Straßenbäume erhalten, Kinderspielplätze geschaffen, der Abtreibungsparagraph aus dem Strafgesetzbuch beseitigt werden sollen. Von solcher

Initiative kann bei der Stiftung Deutsche Sporthilfe nicht die Rede sein. Andernfalls wäre auch der Tirpitzsche Flottenverein aus der Zeit vor dem Ersten Weltkrieg eine „Bürgerinitiative". Die Sporthilfe wird nicht von den Spitzensportlern getragen und ist auch nicht ihrer Initiative entsprungen. Hier bemüht sich vielmehr eine Gruppe von Bürgern um die Interessen einer anderen Gruppe. Nicht von Bürgerinitiative, von Mäzenatentum wäre zu sprechen. Daß die Förderung des Hochleistungssports, nach Aussage der Mäzene, nicht allein der kleinen Gruppe von Spitzensportlern zugute kommt, sondern angeblich auch einem allgemeinen Zweck dient, ändert an diesem Tatbestand wenig.

Das wichtigste Motiv, das im Mai 1967 zur Gründung der Stiftung Deutsche Sporthilfe führte, war die Vergabe der Olympischen Spiele für 1972 nach München und Kiel. Sporthilfe-Geschäftsführer Günter Pelshenke: „Wenn wir die nationale Repräsentanz in München bei den Olympischen Spielen wollen, müssen wir auch die Grundlagen schaffen, damit die Sportler nicht eines Tages zu nationalen Prügelknaben werden."

1967, ein Jahr vor den Olympischen Spielen in Mexiko, zeichnete sich eine Entwicklung ab, die von den Sportfunktionären und der westdeutschen Öffentlichkeit mit zunehmendem Unbehagen verfolgt wurde: im sportlichen Wettkampf zwischen den beiden deutschen Staaten verschaffte sich die DDR einen immer größer werdenden Vorsprung. Schon 1964, als bei den Olympischen Spielen in Tokio zum letztenmal eine gesamtdeutsche Mannschaft antrat, konnten die Sportler der DDR die größeren Erfolge für sich verbuchen. 1968 in Mexico City sollte es erstmals zum direkten Vergleich zwischen der DDR und der Bundesrepublik kommen. Schon während der Vorbereitungen war klar, daß die Bundesrepublik in diesem Vergleich unterliegen würde, und zwar nicht nur relativ, gemessen an der Bevölkerungszahl der beiden Staaten, sondern auch in absoluten Zahlen.

Die Sporthilfe übernahm sechzehn Monate vor den Spielen in Mexiko nach Meinung ihrer Gründer die Funktion einer „Feuerwehr": sie griff einigen aussichtsreichen Spitzenathleten unter die Arme, versuchte mit relativ geringen finanziellen Mitteln die Erfolgsbilanz von Mexiko etwas ansehnlicher zu machen. Dennoch war die Medaillenausbeute mager für das Land, das vier Jahre später in München selbst Gastgeber der Olympiade sein sollte. Unterdessen dauerte das „Sportwunder" in der DDR an, und die Vorstellung, in München die Hymne der sozialistischen DDR als Dauermusik hören zu müssen, wurde für viele bundesrepublikanische Sportfunktionäre, aber auch für Politiker, Wirtschaftsbosse und sportliebende Bürger, zum quälenden Alptraum.

Die mangelhaften Voraussetzungen für den westdeutschen Spitzensport waren nur zu verbessern durch eine energische Konzentration der Kräfte. In der Tat hatte sich die Sporthilfe schon in den wenigen Monaten, die ihr zur Vorbereitung der Olympiade in Mexiko blieben, als wirkungsvolles Instrument zur Unterstützung der westdeutschen Olympioniken erwiesen. Ohne ihre Arbeit wären mit Sicherheit einige der 25 in Mexiko gewonnenen Medaillen nicht erreicht worden.

Der Elan und der Erfolg der Sporthilfe war etwas qualitativ Neues für den deutschen Sport und seine Organisationen. So konnte es nicht ausbleiben, daß die Stiftung, obwohl als „Sozialwerk des Deutschen Sports" vom Deutschen Sportbund und der

Deutschen Olympischen Gesellschaft gegründet, anfangs mit den etablierten Kräften der Sportbürokratie kollidierte. Das galt insbesondere für die Deutsche Olympische Gesellschaft, die bis dahin für die Förderung des Spitzensports zuständig war. Schon kurz nach ihrer Gründung im Jahre 1951 war zu diesem Zweck ein Kuratorium aus Persönlichkeiten der Politik, Wirtschaft und Kultur gebildet worden, das allerdings in langjährigem Dauerschlaf verharrte und in den 18 Jahren seiner Existenz nicht ein einziges Mal zusammentrat. Es war konsequent, daß die DOG der Einrichtung der Sporthilfe distanziert und zögernd gegenüberstand, zum einen, weil damit eine ihrer Kompetenzen an eine neue Organisation verlorenging, zum anderen, weil mögliche Erfolge der Sporthilfe die Versäumnisse der letzten Jahre offenbar machen mußten. Schon bei der Gründung der Sporthilfe 1967 in Berlin wies Josef Neckermann darauf hin, daß die Zielsetzung der beiden Organisationen nicht hinreichend geklärt sei und daß, wo es auf Konzentration der Kräfte ankomme, ein heimlicher Konkurrenzkampf um finanzielle Mittel, an erster Stelle um die Firmenspenden, entbrennen könne. 1969 kam es zum offenen Konflikt: zu diesem Zeitpunkt fungierte Jan Eilers, bis dahin geschäftsführender Präsident der DOG, noch als Schatzmeister der Sporthilfe, und Georg von Opel von der DOG erklärte: „Wenn ich nicht gerade in jener Zeit eine schwere Erkrankung gehabt hätte, wäre es nie zur Gründung der Sporthilfe gekommen."

Im Konflikt zwischen DOG und Sporthilfe zog die ältere Organisation den kürzeren. Auch das war ein Novum im deutschen Sport, nur möglich, weil die Vergabe der Olympischen Spiele nach München und die Erwartungen der Öffentlichkeit die bundesdeutschen Sportfunktionäre einem Erfolgszwang unterwarfen. Josef Neckermann stellte ein Ultimatum: „Wenn [...] die Aufgaben nicht klar abgegrenzt werden, lege ich den Vorsitz der Sporthilfe nieder." Die westdeutsche Sportpresse schlug sich fast ausnahmslos auf die Seite Neckermanns. Und Willi Weyer, damals noch geschäftsführender Präsident des Deutschen Sportbundes, gab Neckermann Schützenhilfe: „Mit aller Entschlossenheit müssen wir einer Zersplitterung des Spendenwesens entgegentreten. Nur so können wir das Vertrauen derjenigen rechtfertigen, die uns heute schon großherzig helfen oder noch helfen wollen."

Die da großherzig halfen, waren meist führende Männer aus Kreisen der Wirtschaft. Sie schlossen sich der Neckermannschen Erfolgslogik bereitwillig in der Erkenntnis an, daß sportliche Erfolge bei Olympischen Spielen auch auf andere Bilanzen als die eines Medaillenspiegels nicht ohne Einfluß bleiben. Josef Neckermann: „Wir haben von der Voraussetzung auszugehen, daß der Sport ein ausgezeichnetes Mittel zur nationalen Repräsentation ist. Man mag es bedauern, daß dem Hochleistungssport diese seinem eigentlichen Wesen nicht gemäße Komponente beigelegt worden ist; man mag es auch begrüßen, daß der Kampf, der Wettstreit und die Beurteilung des nationalen Ansehens sich in so starkem Maße auf den Sport verlagert hat. Die Tatsache bleibt jedoch bestehen, daß der Sport, und hier wiederum in erster Linie der Hochleistungssport, heute ein nationales Aushängeschild ist und daß die Gesellschaft sich im Sport und in ihren Spitzensportlern repräsentiert sieht und sich mit ihnen identifiziert." Deutlicher noch sagte es Neckermann im Sommer 1971 vor den

Leichtathletik-Europameisterschaften in Helsinki, als er den westdeutschen Sportlern vor ihrer Abreise zurief: ,,Denkt daran, daß ihr auch die deutsche Wirtschaft repräsentiert.'' [...]

Überleitung:

Im Folgenden schildert Kesting den ,,Vater'' der ,,Deutschen Sporthilfe'': Josef Neckermann, dem durch Geschick, Einfluß und Überzeugungskraft der Aufstieg zum populärsten Sportfunktionär – nur Willi Daume komme ihm gleich – der BRD gelungen sei. Dabei wirkten sich nicht zuletzt seine eigenen sportlichen Erfolge (mehrfacher Welt- und Europameister sowie Olympiasieger) sowie seine Fähigkeit, große Kreise durch seine Glaubwürdigkeit zu beeindrucken, als besonders günstig aus. Neckermann habe nicht nur entscheidend die Organisation des deutschen Spitzensports geprägt, sondern er sei auch ein ,,neuer Typ unter den Sportfunktionären''. Und dies deshalb, weil er das von ihm im Wirtschaftsleben so erfolgreich praktizierte Management auf den Bereich des Spitzensports übertragen habe.

Erfolg, diese zentrale Vokabel des Neckermannschen Denkens, ist auch für die Sporthilfe das ausschlaggebende und letztlich einzige Kriterium. Für die Redeweise vom Sport als ,,zweckfreiem Spiel'' und für Coubertinsches Pathos (,,Teilnehmen ist wichtiger als Siegen'') bleibt hier kein Platz mehr. Erfolg ist der Fetisch, mit dem Neckermann es allen Kassandra-Rufen zum Trotz in München möglich machen will – nämlich die Konkurrenz zu den führenden Sportnationen der Welt auszuhalten, der DDR Paroli zu bieten, die bundesdeutschen Erfolgserwartungen zu befriedigen, überhaupt die Leistungsfähigkeit des westlichen Gesellschaftssystems unter Beweis zu stellen. Andernfalls wäre die Hilfestellung des industriellen Geldadels der Bundesrepublik kaum zu erklären.

Es ist nicht zu leugnen, daß als positive Nebenwirkung eine veränderte Einstellung der Gesellschaft zum Sport zu beobachten ist. Die Spitzensportler haben ihre Isolation, die traditionelle Außenseiterrolle verlassen. Auch das Selbstbewußtsein ist in dem gleichen Maße gewachsen, in dem sich die Gesellschaft zunehmend mit den Erfolgen ihrer Spitzenathleten identifiziert. Die Bereitschaft, im Vorfeld der Münchner Spiele über Probleme des Hochleistungssports nachzudenken, hat ein Bewußtsein für die Schizophrenie geweckt, mit der unsere Gesellschaft dem Phänomen Leistung, besonders aber der sportlichen Hochleistung, gegenübersteht. Neckermann formulierte das in einer Broschüre der Sporthilfe so: ,,Auf jedem anderen Gebiet des Lebens würde es in unserer vom Leistungsdenken geprägten Zeit geradezu grotesk anmuten, wenn eine Veranlagung nicht gefördert und entwickelt würde. Es ist daher nicht einzusehen, daß eine sportliche Höchstleistung grundsätzlich anders bewertet werden soll als eine Höchstleistung auf wissenschaftlichem, technischem, künstlerischem oder handwerklichem Gebiet. Internationale sportliche Spitzenleistungen sind heute nicht mehr ein Produkt von Muskeln und Reflexen allein.''

Das heißt aber zugleich: Sport ist nicht mehr Sport, zumindest nicht in jenem

ausschließlichen Sinn, den ihm die Väter der Amateur-Idee zuschrieben. Das Neckermannsche Entweder-Oder ist Ausdruck der Erkenntnis, daß die Zeit abgelaufen ist, in der sportlicher Erfolg allein auf der Grundlage individuellen Engagements erreichbar war. In der Tat kann die Gesellschaft nicht ignorant und gleichgültig den Sport den Sportlern und diese, wie sich Brigitte Berendonk beklagte, dem Odium der „armen Irren" überlassen. Systematische Förderung ist heute die Conditio sine qua non. Alternativen sind nicht denkbar, will ein Land nicht von der olympischen Landkarte verschwinden. Und wer will das schon, bei der zunehmenden Bedeutung des Sports als nationalem Aushängeschild?
Es ist unverkennbar, daß auch bei den Spitzensportlern selbst ein Bewußtsein dieser Situation aufgekeimt und bei einigen zu einem neuen Selbstbewußtsein geworden ist. Die heimlichen Fesseln, die ihnen durch die Förderung angelegt worden sind, haben nicht verhindern können, daß sie sich von der Gängelei durch die Funktionäre emanzipieren wollen. Dabei handelt es sich nicht bloß um individuelle Akte der Rebellion wie vor mehr als zehn Jahren bei Martin Lauer, der sie sich als Weltrekordler beinahe schon leisten konnte, weil er unentbehrlich war. Die Athleten der jüngeren Generation kritisieren den überlebten Führungsstil der Funktionäre und fordern Mitbestimmung, freilich von Fachverband zu Fachverband mit unterschiedlicher Energie. „Funktionäre sind nicht vom lieben Gott eingesetzt", überschrieb Brigitte Berendonk einen anderen Beitrag für die „Olympische Jugend", in dem sie schreibt: „Es ist [...] evident, daß in der Regel Verbandsfunktionäre – wie auch die meisten Sportführer im zweiten Glied – staatsloyal-linientreu sind, soziologisch zwangsläufig zum sogenannten Establishment eines Staates gehören und meist betont konservativ denken. Somit stellt der Protest der jungen Aktiven häufig – zumindest latent – und meist unbewußt – auch eine im weitesten Sinn politische Aktion dar." Solche Töne aus Sportlermund sind neu. Sie sind zwar nicht die Regel, aber auch kein Einzelfall mehr. Der Hochspringer Thomas Zacharias formulierte mit Blick auf die Sporthilfe: „Die Sporthilfe ist für mich ein Arbeitgeber, der mich bezahlt, solange meine Leistungen gut genug sind." [...]
Um einem Mißverständnis vorzubeugen: das soll nicht bedeuten, daß der Spitzensportler als „Arbeitnehmer" besonderer Art sich bewußt den sportlichen „Arbeitgebern" gewissermaßen ausliefert und sich als Leistungsknecht im Dienst der Kapitalisten verdingt. Gewiß gibt es auch eine Verpflichtung moralischer Art, wenn die Förderung durch die Sporthilfe einmal begonnen hat. Aber sie muß nicht zur psychischen Hürde auf dem Weg zum Erfolg werden, dieses Alibi wäre zu bequem.

Der Gewichtheber Rudolf Mang sagte nach seinem Versagen bei den Weltmeisterschaften 1970: „Ich könnte mir die spezielle Ernährung ohne die Sporthilfe nicht leisten. Aber sie verpflichtet mich auch, bedrückt mich. Ich glaube, daß ich deshalb manchmal verkrampft bin." Der Fall Mang hatte seinerzeit in der Diskussion über die Sporthilfe exemplarische Bedeutung. Aber es wäre gewiß zu einfach, sportliches Versagen auf einen Leistungsdruck zurückzuführen, den die Sporthilfe erbarmungslos auf die Sportler ausübt – mag immer das bei Mang durch eine spezifische Konstellation so gewesen sein.

Gewiß aber ist Sporthilfe eine Form der Disziplinierung: Versäumnisse in der Trainingsarbeit kann sich ein Athlet, der unter Beobachtung eines Mentors steht, nicht leisten, seinen Lebenswandel muß er einem strengen Reglement unterwerfen, und einen Gewichtheber mag es in der Tat bedrücken, im Dienste des Sports (oder Deutschlands) allwöchentlich zwei Dutzend Steaks verzehren zu müssen. In einem Rundschreiben der Sporthilfe an die Athleten heißt es: ,,Daß Sie in eine Abhängigkeit zur Sporthilfe geraten, ist schon deshalb ausgeschlossen, weil die Anträge auf Förderung von Ihnen gestellt und von Ihnen auch zurückgezogen werden können." Das ist richtig, aber diese Logik bleibt papieren, solange der Sport eine der wenigen Möglichkeiten für einen jungen Menschen darstellt, sich ein Erfolgserlebnis zu verschaffen und, wie Ludwig Dotzert schrieb, ,,der Absprung eines Spitzensportlers die Züge einer Fahnenflucht annimmt". [...]
Ein wirkliches Sozialwerk des Sports setzte aber ein umfassendes Interesse der Gesellschaft an den Sportlern voraus, eine Wertschätzung der sportlichen Produktivität, die der der wirtschaftlichen, wissenschaftlichen oder künstlerischen Produktivität nicht nachsteht. In Wahrheit gilt das Interesse jedoch nicht dem Sport, dem einzelnen Sportler – sosehr er in Zeiten seiner Erfolge auch umjubelt und idolisiert werden mag –, sondern dem immensen Unterhaltungswert und den zahlreichen Identifikationsmöglichkeiten des Sports. Das gilt auch für die Sporthilfe: sie sieht eingestandenermaßen im Sport ein Mittel der ,,nationalen Repräsentation", im Sportler letztlich nur das Mittel zum Zweck. Subjektive Aussagen einiger Sportler, die, wie die Diskuswerferin Liesel Westermann, in der Sporthilfe den ,,Lebensspender" des deutschen Sports sehen, ändern an diesem objektiven Tatbestand wenig. Denn, um es noch einmal zu wiederholen: die Entscheidung für den Spitzensport fällt zunehmend in einem so frühen Alter, daß wirkliche Selbstbestimmung nicht möglich ist. Die Sporthilfe greift erst ein, wenn die Entscheidung längst gefallen ist, und sie hat dann nur noch katalysatorische Funktion. Wer will sagen, ob der Spitzensport die optimale Form der Selbstverwirklichung ist, wenn Alternativen nicht existieren? Die Soziologie des Sports steckt in den Kinderschuhen, seine Soziographie ist noch nicht geschrieben. Über die Motivation der Leistungssportler wissen wir nur wenig, wie auch über die Motive von Eltern, die frühzeitig die Begabung ihrer Kinder fördern, vielleicht weil sie darin eine Möglichkeit sozialen Aufstiegs erblicken.

Die Ideologen der Deutschen Sporthilfe zerbrechen sich darüber nicht die Köpfe: für sie ist der Hochleistungssport eine gegebene Größe mit einer Reihe von nützlichen nicht-sportlichen Implikationen, ,,ob einem das paßt oder nicht", wie es der Sportjournalist Günter Wölbert affirmativ formuliert hat.

Die Sporthilfe ist eine Erfindung von Technokraten, von Technokraten des Sports, die, wie Josef Neckermann, in anderen Bereichen unserer Gesellschaft in die Lehre gegangen sind. Notwendige Vorfragen werden hier nicht gestellt, ideologische Grundsatzdiskussionen nicht geführt. Die Sporthilfe springt ein, wo die Mängel unserer traditionellen Sportorganisation zu eklatant und augenfällig geworden sind. Gleichzeitig versucht sie, das System des deutschen Sports nach technokratischem Muster zu reformieren. Die Anlässe waren, auf der einen Seite die bevorstehenden

Olympischen Spiele in München, auf der anderen der mächtige Konkurrenzdruck der DDR. Die wahren Gründe mögen tiefer liegen: die zeitliche Koinzidenz mit der allgemeinen Reformdiskussion unserer Gesellschaft in den abgelaufenen fünf Jahren kommt nicht von ungefähr. So ist auch die Sporthilfe ein typisches Produkt der Anstrengungen, mit denen sich das kapitalistische System abzusichern und zu stabilisieren versucht, diesmal in dem gesellschaftlich bedeutenden Bereich des Sports.

Erläuterungen:

39 **Mäzen:** Förderer
79 **Kuratorium:** Aufsichtsgremium
125 **Fetisch:** Zaubermittel
126 **Kassandra:** im übertragenen Sinne für Schwarzseher
153 **conditio sine qua non:** 1. unerläßliche Bedingung, 2. juristischer Fachausdruck
168 **evident:** offensichtlich
171 **latent:** verborgen
217 **Katalysator:** Stoff, der einen chemischen Vorgang beschleunigt, ohne sich selbst zu verändern
219 **Soziographie:** Darstellung der Formen des menschlichen Zusammenlebens; die Soziographie ist unerläßlicher Bestand der modernen empirischen Sozialforschung
226 **affirmativ:** bekräftigend, bejahend
231 **eklatant:** aufsehenerregend

---

1. Nach Kesting ist der Sport ein Politikum allerersten Ranges. Erläutern Sie diese Auffassung am Beispiel der „Bürgerinitiative".

2. Diskutieren Sie einige Probleme zum Verständnis und zur Gestalt des Sportfunktionärs. Gehen Sie dabei möglicherweise von einer Aufgabenbestimmung des Sportfunktionärs aus. Wie äußert sich Kesting dazu?

3. Fragen Sie nach dem Verhältnis von Gesellschaft und Spitzensportler und berücksichtigen Sie dabei die Meinung Kestings.

4. Halten Sie den Sport für ein „nationales Aushängeschild"?

5. Das, was Leistung ist, hängt auch von bestimmten Beurteilungskriterien ab. Welche sind aus der Sicht Kestings für die „Sporthilfe" maßgebend? Wie schätzen Sie selbst diese Kriterien ein?

6. Für Kesting bietet die Institution „Sporthilfe" Anlaß zur Kritik. Welche fragwürdigen Gesichtspunkte zählt er auf? Was halten Sie davon?

7. Wie bestimmt Kesting das Verhältnis von Spiel und Sport? Vgl. Sie diese Ansicht mit den entsprechenden Ausführungen im Text 1 (Plessner).

8. Bundesinnenminister Maihofer stellt im Hinblick auf die Deutsche Sporthilfe fest: „Will man einen [...] Spitzensportler [...] nicht hoffnungslos ins Abseits des schulischen und beruflichen Lebens geraten lassen, dann muß man den von ihm geleisteten Lebensverzicht durch gezielte Förderungsmaßnahmen so auszugleichen suchen, daß auch er in Schule und Beruf zumindest die gleiche reale Chance hat wie jeder andere Bürger unseres Landes." Womit begründet hier Maihofer die Notwendigkeit von Förderungsmaßnahmen im Sport, und wie verhält sich diese Ansicht zu den Ausführungen Kestings?

III. Sport im Spätkapitalismus

Einleitung:

Die Verschränkung von Sport, Leistung und Gesellschaft, die im Mittelpunkt dieser Materialien steht, wird im folgenden Textauszug sehr prononciert auf ein bestimmtes Gesellschaftsmodell zugespitzt, auf die spätkapitalistische Gesellschaft, was in kritischer Absicht geschieht. Daher sollten sich die Interpretationen zu diesen Ausführungen vor allem von der Frage leiten lassen, wie der Sport unlöslich mit der Gesellschaft verknüpft ist, in der er betrieben wird – und es sollte auch verdeutlicht werden, wie der Sport Strukturen ausprägt, die ihn offenbar zum Spiegelbild der betreffenden Gesellschaft werden lassen. Endlich gilt es einzusehen, daß sich die vorliegende Sportkritik an der Gesellschaftskritik selbst bemißt.

5 Die in diesem Kapitel aufgeworfenen politökonomischen Fragen beschränken sich auf den Bereich, der im allgemeinen Sprachgebrauch mit den Begriffen „politisch" und „ökonomisch" bedacht wird, d. h. konkret mit Aktivitäten von Politikern, mit politischen Organisationen und Institutionen und mit ökonomischen Vorgängen, die unmittelbar den kapitalistischen Wirtschaftsprozeß berühren. Dabei bleibt die Auffassung der Verfasser unberührt, daß im Vorgang der Reproduktion der Gesellschaft nahezu kein Bereich existiert, dem objektiv das Attribut „unpolitisch" zugestanden werden kann.

Der Sport soll hier daraufhin untersucht werden, inwieweit die Behauptungen der BRD-Sporttheorie in bezug auf dessen politökonomische und militärische Beziehungen, er sei ein weitgehend zweck- und interessefreier Bereich, ideologisch sind. Es soll aufgezeigt werden, wie die ökonomische Grundstruktur des kapitalistischen Systems ein Überbauphänomen 1 wie den Sport determiniert, auf welche Art der allgemein als „unpolitisch" anerkannte Sport politisch genutzt wird und welche oft geleugneten Funktionen der Sport bei der militärischen Systemsicherung erfüllt.

3.5.1. Ökonomische Funktion des Sports

„In betriebswirtschaftlicher Hinsicht bildet der im Vergleich zu anderen betrieblichen Sozialleistungen geringe Aufwand für eine angemessene zweckmäßige Förderung des Betriebssports eine Kapitalinvestition, die sich langfristig durch eine Erhöhung der Ergiebigkeit des Einsatzes menschlicher Arbeit und die Sicherung des zukünftigen Leistungspotentials des Betriebes bezahlt macht."[2]

Diese Aussage ist nur zu beurteilen im Zusammenhang mit der Gesellschaft, in der sie gemacht wurde. In einer Gesellschaft mit kapitalistischer Grundstruktur werden alle sozialen Bereiche von der „Vernunft" des Profitsystems beherrscht. Die primäre Zielrichtung dieses Systems ist die ständige Gewinnsteigerung, die objektiven Be-

[1] Vgl. Karl Marx, Zur Kritik der politischen Ökonomie. Vorwort. Zitiert nach: K. Marx/F. Engels: Über Kunst und Literatur. Hrsg.: Manfred Kliem, Berlin (DDR) 1967, S. 74

[2] Neuer Rundbrief, 3/1970, Berlin. S. 12

dürfnisse der Menschen werden dabei nur so weit befriedigt, wie sie sich diesem Prinzip unterordnen und ihm bei seiner Zielsetzung nützen. So ist der Sport so lange von der Wirtschaft ignoriert worden, bis erkannt wurde, daß der Bau von Sportplätzen den Gewinn weniger belastet als eine hohe Krankenzahl. Die von Apologeten des herrschenden Systems so oft hervorgehobenen „sozialen Leistungen" der Unternehmer erweisen sich so als durchaus in erster Linie mit der Logik des Systems konformgehend, denn die Gesundheit der Lohnabhängigen interessiert das Monopolkapital nur insoweit, als sie für die Profitmaximierung notwendig ist.

„Nach einer Erhebung lag der durchschnittliche Krankenstand bei Bayer (4,97 Prozent) um ein Prozent unter der Durchschnittsquote der chemischen Industrie (sechs Prozent). Ein Prozent Belegschaftskranke kostet das Werk pro Jahr drei Millionen Mark. ‚Durch Werksport-Förderung', erkannte der frühere Bayer-Manager Dr. Fritz Jacobi, lasse sich eine ‚gute Rentabilität' erreichen."[3]

Wie weit die herrschende Ideologie mitsamt dem Profitdenken auch von Leibeserziehern verinnerlicht worden ist, zeigen Auszüge einer Diplomarbeit, die an der Deutschen Sporthochschule Köln eingereicht wurde:

„Wird der Betriebssport in einer Firma eingeführt, um Gelder gewinnbringend zu investieren, so erhoffen sich die Unternehmer davon eine Senkung der Fehlzeiten, eine Minderung der Fälle von Frühinvalidität, eine Minderung der Fluktuation und eine Erhöhung der Leistungsbereitschaft innerhalb der Belegschaft. [...] Der Vergleich von Ausgaben für den Betriebssport – 10 000 DM pro Tag – und Ersparnisse infolge des Betriebssports – etwa 45 000 DM – scheint eindeutig für die Wirtschaftlichkeit des Betriebssports in großem Rahmen zu sprechen. [...] Der Betriebssport müßte auf mehr Firmen ausgedehnt und in den einzelnen Firmen erweitert werden, dann könnte er durchaus als gewinnbringende Investition angesehen werden."[4]

Begriffe wie „gute Rentabilität", „gewinnbringende Investition" und „Wirtschaftlichkeit" im Zusammenhang mit Betriebssport weisen auf dessen Rolle in einem privatwirtschaftlichen System: Er stützt das Bestehende, indem er den Profit der Kapitaleigner vermehren hilft und die kapitalistischen Funktionsprinzipien des Produktionsbereiches auf andere Bereiche überträgt und damit als „normal" ausweist. Wäre der Sport kein Mittel dazu, wäre er also keine „gewinnbringende Investition", dann würde er zweifelsohne in diesem Bereich fallengelassen, auch wenn dann ein starkes Bedürfnis der Individuen nicht mehr befriedigt werden würde.

Größere Firmen gehen dazu über, eigene Betriebssportvereine zu gründen, die neben den genannten profitsteigernden Eigenschaften noch den Vorzug haben, das Firmenzeichen auf Sportplätzen im In- und Ausland bekannt zu machen und somit noch Werbungskosten ersparen helfen; das Firmenemblem auf Sportlertrikots zahlt sich aus. „Bayer Leverkusen entwickelte sich zum deutschen Leichtathletik-Zentrum: Stars wie Hürdenmeister Günter Nickel warben international mit dem Firmenzeichen."[5]

[3] Der Spiegel Nr. 36, 31. 8. 1970, S. 52
[4] K. H. Kemtner, a. a. O. S. 47f.
[5] Der Spiegel Nr. 36, 31. 8. 1970, S. 52

Betriebssport ist also primär ein Mittel zur Profitmaximierung; seine Existenz und seine Subventionierung seitens des Kapitals sind weitgehend von dieser Tatsache abhängig, und das Vortäuschen von „sozialer Fürsorge und Verantwortung" durch die Herrschenden erweist sich als Ideologie, als Rechtfertigung der inhumanen Realität, die am Profit weniger Privilegierter, nicht an den objektiven Bedürfnissen aller ausgerichtet ist.

Unter dem Aspekt der Profitsteigerung und damit der Systemsicherung sind aber nicht nur der Betriebssport zu betrachten, sondern alle Bereiche, in denen sich Sport und Wirtschaft berühren. Das beginnt bei der sozialen Zusammensetzung der Kuratorien bedeutender Sportorganisationen wie der „Deutschen Sporthilfe" die sich ausschließlich der Förderung des Leistungssports verschrieben hat, oder der „Deutschen Olympischen Gesellschaft", die sich mehr dem Breitensport widmet.

[...]

Maßgeblich beteiligt sich [...] die Privatwirtschaft als die ökonomische Grundlage unseres Systems an der Entwicklung und Propagierung des Sports, da ihr primäres Interesse Erhalt und Sicherung eben dieser gesellschaftlichen Verhältnisse ist und der Sport als ein geeignetes Mittel angesehen wird, unpolitische Konformität der Individuen und affektive Identifikation mit dem Bestehenden zu produzieren (vgl. Kap. 3.1.2). Natürlich werden diese Beziehungen nicht nur von einer Seite gefördert; die Sportorganisationen selbst drängen sich danach, von Unternehmerseite finanziell unterstützt zu werden. Nachdem z. B. eine Berliner Tageszeitung „Kontakte zwischen dem Landessportbund Berlin (LSB) und Walter Cobler, dem Präsidenten der Industrie- und Handelskammer, angeregt hatte, richtete der LSB einen Appell an die Industrie, Wirtschaft und Verwaltung unserer Stadt zur Unterstützung und gesellschaftspolitischen Aufwertung des Berliner Sports."

Bezeichnenderweise geht es hier nicht um finanzielle Hilfe, die der Bedürfnisbefriedigung der sporttreibenden Bevölkerung dient, sondern um borniertes Prestigedenken der herrschenden Klasse. So betonen alle Sprecher: „Vielmehr handele es sich in erster Linie um ein gesellschaftspolitisches Problem. Wer nationale und internationale Erfolge verlange, müsse zu einer Partnerschaft mit dem Sport bereit sein." Die allein angestrebte Förderung von Spitzensportlern und die unverhüllte Forderung nach voll bezahltem Training, d. h. Profis für Olympia, entlarvt die sonst propagierten hehren Ziele der Sporttheorie als Ideologie:

„Daher sollen jetzt in einem Spitzengespräch mit der Berliner Wirtschaft und Industrie Wege gefunden werden, um einer begrenzten Zahl von Spitzensportlern auch in Berlin bessere Möglichkeiten zu verschaffen. Manfred von Richthofen, der LSB-Sportdirektor, sprach unverblümter als Schlegel, Emmerich und Ziege aus, worum es geht: ‚Wir suchen keine Proforma-Anstellungen, sondern Beschäftigungsmöglichkeiten, die bei Ganztagsbezahlung die notwendige Freizeit für das Training garantieren.'" [...]

Die vom Sportler erbrachte Leistung selbst wird dabei zu einer auf dem Markt gehandelten und angepriesenen Ware.[13] Zur Ware wird ein Gegenstand dann, wenn

[13] Vgl. dazu ebd. S. 40–49: B. Rigauer, a. a. O. S. 58–63; W. Hofmann: Grundelemente der Wirtschaftsgesellschaft, a. a. O.

er ein Produkt darstellt, das nicht den Zwecken des eigenen Verbrauchs dient, sondern auf einem Markt in andere Werte, z. B. Geld, eingetauscht werden kann. Das ist der Fall bei Sportveranstaltungen, wo sich zwei Gruppen gegenüberstehen: Der Sportler als Produzent produziert Leistungen, während das Sportpublikum die dargebotene Schaustellung gegen Entgelt konsumiert. Die Leistungsfähigkeit einzelner Sportler und Mannschaften ist ausschlaggebend für ihren Geldwert, der sich wiederum aufteilt auf die Gruppen der Besitzer sportlicher Arbeitskraft einerseits und die Kapitalbesitzer und Sportmanager andererseits, die die Schaustellungen finanzieren und organisieren. Am augenfälligsten sind diese Erscheinungen beim Profi-Fußballsport. Neben diesen Unternehmen, die mit Fußball und Fußballspielern Profit erwirtschaften, ist fast jede organisiert betriebene Sportart auf die Schaustellung von Leistung angewiesen.
„In kontrollierten Punktspielen kicken an jedem Wochenende 1,2 Millionen Väter und Söhne, Enkel und Opas." Die Ausrichtung des Sports nach diesen Grundprinzipien des Kapitalismus[15] bewirkt auch eine bestimmte Strukturierung der Vereinsorganisation nach privatwirtschaftlichen Gesichtspunkten, so die Grundlegung von Kapital, Anwerbung und Ankauf von Arbeitskraft und die Einrichtung einer hierarchischen Verwaltungsbürokratie. Der Umsatz einiger großer Vereine nähert sich dabei vergleichbaren Werten von Industrieunternehmen an.
Ebenfalls respektable Umsätze und Profite weist die Sportartikelindustrie auf, die dank erfolgreicher Bedürfnismanipulation zu einem wichtigen volkswirtschaftlichen Faktor geworden ist (Umsatz 1969: 2,7 Milliarden Mark). „Der erste Schritt zum Sportplatz, zur Turn- oder Schwimmhalle führt an die Kasse eines Sportartikelgeschäftes."[16] Mit raffinierten Werbungsmethoden wird dem Sportlervolk suggeriert, wie es sich sportangemessen zu kleiden hat, mit welchen stets verbesserten Hilfsmitteln Zentimeter und Sekunden gewonnen werden können und mit welchen ausgeklügelten Apparaturen und Instrumenten dem sportmedizinischen Begriff von Gesundheit Genüge getan werden kann. Das hochgezüchtete Interesse am Sport und an einem suspekten Gesundheitsbegriff (vgl. Kap. 3.3), der gewinnträchtig ist, wird auch hier profitsteigernd verwertet. Sportartikelindustrie und öffentliche Medien arbeiten dabei Hand in Hand.[17] (Siehe z. B. das „Aktuelle Sportstudio" im ZDF.) Als letztes und bei weitem nicht unbedeutendes Bindeglied zwischen Sport und Wirtschaft ist die Werbung zu nennen, das wichtigste Instrument des irrationalen kapitalistischen Versorgungsapparates, mit dem unvorhergesehene Bedürfnisschwankungen ausgeschaltet und die Massenbedürfnisse in großem Umfang gesteuert werden. „Zu den deutlichsten Erscheinungen dieser Irrationalität gehört es, daß ein stetig wachsender Teil der Handlungen bei der Produktion und dem Absatz eines Guts und damit auch ein stetig

[15] Vgl. z. B. folgenden Ausschnitt aus einem Trainerinterview in der Frankfurter Rundschau vom 13. 11. 1970: „Erich Maas (Fußballprofi, d. V.) wurde verkauft, offensichtlich aus kühlen finanziellen Erwägungen. Der FC Bayern gilt in der Tat als die kaltschnäuzigste Leistungsgesellschaft der Bundesliga. Wie wirkt sich das auf das Betriebsklima aus?" Lattek: „Sehr gut. Es herrschen bei uns klare Verhältnisse, so wie im Wirtschaftsleben auch."

[16] Der Spiegel Nr. 36, 31. 8. 1970, S. 54

[17] Vgl. ebd.; Ein sogenanntes „Sportkabinett" nach Wolff/Mellerowicz kostet 14 000 Mark; ein Münchener „Sportunternehmer" baut sein Sportgeschäft zur „Sportfarm" um und steigert den Jahresumsatz auf 40 Millionen Mark.

wachsender Teil seiner Kosten auf Dinge verwandt wird, die nichts mehr mit der Qualität des Guts zu tun haben, sondern sich ausschließlich auf die Herstellung der Kaufdisposition beim Konsumenten, also auf das Bewußtsein des Käufers richtet. Die Kaufdisposition wird durch Werbung und Produktionsstrategie (Diversifikation) erzeugt. Die Ausgaben, die von der westdeutschen Wirtschaft zu Reklamezwecken getätigt werden, d. h. um Menschen zum Kauf bestimmter Güter zu veranlassen, liegen seit Jahren erheblich über den Summen, die in der Bundesrepublik von Bund, Ländern und Gemeinden für Schulen ausgegeben werden, sie nehmen einen langsam, aber kontinuierlich steigenden Prozentsatz des gesamten Volkseinkommens in Anspruch."[18]
So wurden 1967 14,2 Milliarden Mark für Werbung ausgegeben, wovon ein nicht unbeträchtlicher Teil auf die Sportwerbung entfiel. „Die Entwicklung ist verständlich. Die Werbung braucht immer neue ‚AUFHÄNGER', der Sport immer mehr Geld. [...] Die Wirtschaft ihrerseits hat den ungeheuren Werbeeffekt durch die rasch wachsende Popularität des Sports rechtzeitig erkannt."[19] Bezeichnend diese unkritische Haltung eines Sportjournalisten gegenüber einem charakteristischen Phänomen des kapitalistischen Wirtschaftssystems, der bewußtseinsüberfremdenden Werbung, der es gelingt, die emotionale Besetzung, die eine Unmenge von Menschen an den Sport bindet, für ihre Zwecke dienstbar zu machen.[20] In erster Linie kommen natürlich attraktive Sportarten wie Fußball für eine wirksame Reklame in Betracht, denn wohl kaum sonst finden sich derart große Menschenmengen zusammen, Fernsehen inbegriffen, die sich in einem für gezielte Werbung so aufnahmefähigen Zustand befinden. Alle Varianten, den Sport als Werbeträger einzusetzen, sind kaum zu erfassen, einige sollen erwähnt werden. „Die Firma Adidas, Tagesproduktion 35 000 Stück Sportschuhe, fertigte nach Mexiko das ‚Gerd-Müller-Modell' an. Der ‚Bomber' kassierte pro verkauftes Paar eine Mark." Rudi Altig beißt für 3000 Mark in eine bestimmte Schokoladenmarke, der Meterpreis für Stadionbanden bei Fernsehübertragungen einer Weltmeisterschaft kostet 15 000 Mark und die internationalen bayerischen Tennismeisterschaften laufen unter dem Namen „Braun-Sixtant-Cup", wofür die Rasiererfirma 60 000 Mark bezahlt. „Aber nicht nur die Stars unter den Athleten profitieren von der immer stärker werdenden Interessenverflechtung zwischen der werbungstreibenden Wirtschaft und dem Sport. Viele Vereine und noch in größerem Maße Sportveranstalter geben unumwunden zu, daß sie ohne die Beträge der Industrie ihre Arbeit zumindest stark reduzieren müßten."[21] Sportveranstalter und die stets unpolitischen, d. h. sich der Herrschaftsstruktur unreflektiert anpassenden Sportvereine und -verbände, werden durch die Subventionierungen der Industrie zum großen Teil erst in die Lage versetzt, ihre entmündigenden Massenveranstaltungen durchzuführen. Das organisierte Kapital hat dadurch doppelten Vorteil der effektvollen Reklame und der Ablenkung des Bewußtseins der Abhängigen von bestimm-

[18] J. Huffschmidt, a.a.O., S. 105f.
[19] Jost Spangenberg, Die Kicker und Kassierer. In: Frankfurter Rundschau am Wochenende, 5. 9. 1970, S. 1
[20] Vgl. G. Vinnai: Fußballsport als Ideologie. Frankfurt a. M. 1970, S. 53–56
[21] J. Spangenberg, a.a.O., S. 1

ten Arbeits- und Herrschaftsverhältnissen. „Daß der Sport die Menschen an seine Strukturen kettet, wird vom Kapitalismus auf vielfältige Art nicht nur mittelbar, sondern auch unmittelbar ökonomisch gewinnbringend verwertet."[22]

J. Böhme, u. a.

Erläuterungen:

29 **Apologet:** Verteidiger

33 **Profitmaximierung:** Vermehrung des Gewinns. Rohmaterial und Arbeitsmittel werden nicht von selbst zu Mehrwert, sondern nur durch die Arbeitskraft.

38 **Rentabilität:** Wirtschaftlichkeit eines Unternehmens

44 **Fluktuation:** Schwanken

54 **kapitalistische Funktionsprinzipien:** Sie sollen den Ablauf des Produktionsprozesses sichern; wird hier kritisch verwendet

74/75 **Kuratorium:** Aufsichtsbehörde

92 **borniert:** beschränkt, dumm, engstirnig

102 **Schlegel:** Sportfunktionär der Berliner Wirtschaft

---

1. Mit welchen Merkmalen wird in diesem Auszug die kapitalistische Gesellschaft gekennzeichnet?

2. Eine Sonderform des Sports ist der Betriebssport. Stellen Sie unter Zuhilfenahme des vorliegenden Textes die Verbindung zwischen Betriebssport und Kapitalismus her. Sind Sie auch der Meinung, daß der Betriebssport das „Bestehende stützt"?

3. Aus welchem Blickwinkel wird hier die sportliche Leistung betrachtet? Billigen Sie die Gleichsetzung von Leistung und Ware?

4. Worin zeigen sich nach Auffassung des Verfassers besonders nachhaltig wirtschaftliche Tendenzen im Sport? Gilt dies für alle Sportarten?

5. Diskutieren Sie den Zusammenhang von Sport – Werbung – Wirtschaft. Greifen Sie dabei auf aktuelle Anlässe und Auseinandersetzungen zurück.

IV. Statements

Im folgenden werden Statements vorgegeben, die sich um das Problem „Sportliche Höchstleistung – Wirtschaft – Kritik" gruppieren lassen. Die Statements a–c sind Antworten junger Leser auf die Frage, ob und inwieweit „Geld den Sport zur unsinnigen Kraftverschwendung" macht.

Im Statement d) wird auf den Zusammenhang zwischen Spitzensportler und kapitalistischer Produktionsweise eingegangen. Um eine weitgehend alternativreiche Erörterung dieses Themenkreises zu ermöglichen, kommen weitere Stimmen zu Worte.

(a)

6 Viele Sportler hätten auf Grund ihrer Beliebtheit bei Kindern und Jugendlichen die Möglichkeit, diese positiv zu beeinflussen. Statt dessen „verkaufen" sie sich für horrende Summen (Beispiel Günther Netzer) und erwecken so bei ihren

[22] G. Vinnai, a. a. O., S. 40

jungen Anhängern den Eindruck, Geld und nicht die Freude am Spiel sei das Wichtigste am Sport. Diese „Werte" werden dann auch auf andere Lebensbereiche übertragen. Das traurige Ergebnis: eine Leistungsgesellschaft, in der versucht wird, aus jeder Sache Profit zu schlagen.

Barbara Simonsohn, 20 Jahre

(b)

Die Höchstleistungen, die heute im Spitzensport gefordert werden, können nur durch hartes, mehrstündiges Training täglich erreicht werden. Die Zeit dazu können aber nur Sportler aufbringen, die keinem Beruf nachgehen müssen und dennoch genügend Geld in Form von Gehältern oder finanziellen Unterstützungen erhalten, die den Sport also zu ihrem Beruf gemacht haben.

So kommt es, daß heute fast alle Spitzensportler in irgendeiner Weise Berufssportler sind, ob offen wie die Fußballer vieler Staaten Europas und Südamerikas oder verkappt wie die „Staatsamateure" des Ostblocks. Durch die Leistungen dieser Sportler wächst die Attraktivität des Sports, es werden mehr Zuschauer angezogen, mehr Sportbegeisterte werden für den aktiven Sport gewonnen.

Die Gefahr, daß sportliche Ideale von der Maschinerie des Leistungssports niedergewalzt werden, daß das Siegstreben über die Fairneß gestellt wird und daß Aktive zu unerlaubten Mitteln, dem Doping etwa, greifen, um der Forderung des „citius – altius – fortius" nachzukommen, entsteht nicht durch den Einfluß des Geldes auf den Sport, sondern auf Grund der ungeheuren Leistungsdichte und des Strebens nach immer Höherem.

Benny Levenson, 19 Jahre

(c)

Das Geld wurde in den Bereich des Sports eingeführt, um die Sportler zu fördern und zu unterstützen. Ohne genügende finanzielle Unterstützung können heutzutage kaum noch Höchstleistungen vollbracht werden. Dadurch wird jedoch auch die Ungleichheit gefördert, denn die geldliche Unterstützung ist von Land zu Land, ja sogar von Sportler zu Sportler verschieden. Das sportliche Ideal der gleichen Voraussetzungen wird also durch Geld zerstört.

Aber was wäre der Sport ohne die Profis? Er würde an Reiz und Beliebtheit (beim Publikum und somit beim Nachwuchs) enorm verlieren. Weniger „Rummel", zum Beispiel im Boxsport, oder weniger Spitzenleistungen führen zu Desinteresse.

Ob Geld den Sport verdirbt? Kaum, da wohl wenige Sportler den Sport nur des Geldes wegen betreiben. Aber die Tendenz dorthin scheint mir vorhanden zu sein.

Hans-Joachim Bresemann, 18 Jahre

---

1. Wie vertragen sich nach Meinung des Verfassers (a) das Motto „Freude am Sport" mit der Ansicht Geld durch Sport?

2. Erörtern Sie das Verhältnis von sportlicher Leistung und Training.

3. Wie beurteilt der Verfasser (b) die Realisierungschancen „sportlicher Ideale" in der Gegenwart? Nennen Sie vorab solche „sportlichen Ideale".

4. Vgl. Sie die Statements miteinander und suchen Sie nach Gemeinsamkeiten.
5. Konfrontieren Sie die Statements mit dieser Aussage: „... Geld ist nicht alles. Wenn mir einmal die Spikes zum Halse heraushängen, dann würde auch das Geld nichts nützen." (Karl Honz, 400-m-Europameister, 1974)
6. Wie würden Sie die Frage: „Macht Geld den Sport zur sinnlosen Kraftverschwendung?" beantworten?

(d)

Die Gesetzmäßigkeiten des Produktionsprozesses werden im Sport durch die Übernahme analytischer Verfahren zweckrationaler komplexer Trainingsmethoden (Bestimmung über Trainingsablauf, Nahrungsaufnahme, Tageseinteilung etc.) übernommen. So werden im Fußball taktische Systeme, die Verhaltensmuster der einzelnen Spieler vorauskalkulieren, erarbeitet, um sie als Garantie für Erfolgchancen nutzbar zu machen. Der Einzelne wird zum austauschbaren Objekt, er muß bei Formkrise, Krankheiten etc. jederzeit durch einen gleichwertigen Spieler ersetzbar sein, ähnlich dem Produktionsablauf, dessen Gesetzen die menschliche Arbeitskraft angepaßt wird, ohne zum Beispiel auf sein Bedürfnis zur spontanen Bewegungsentfaltung Rücksicht zu nehmen. Infolgedessen verliert also auch der Sportler die Entscheidungsfreiheit über Tätigkeit im Training und Wettkampf, sobald er sich dem Leistungssport unterwirft.

Bruns/Campmann/Hanke

---

1. Mit welchem menschlichen Lebensbereich wird der Sport in Beziehung gesetzt? Welches sind die diesen Lebensbereich prägenden Faktoren?
2. Wodurch wird nach der Auffassung der Verfasser der Leistungssportler gekennzeichnet? Nehmen Sie dazu Stellung auch mit Hilfe dieser Aussage eines Leistungssportlers: „Der Sieg über den inneren Schweinehund bedeutet mir genau so viel wie eine Goldmedaille." (Eberhard Gienger, Welt- und Europameister im Turnen).
3. „Wir verstehen Sport als Spiel und sehen ihn im Gegensatz zur Arbeit; deshalb unterscheidet sich sportliche Leistung grundsätzlich von der Leistung in der Arbeitswelt" (Carl Diem, Spätlese am Rhein, Frankfurt 1957, S. 6). Konfrontieren Sie dieses Zitat mit den zuvor genannten Ausführungen, indem Sie die Berechtigung der einzelnen Aussagen überprüfen.
4. Versuchen Sie eine Begriffsbestimmung folgender Phänomene vorzunehmen: Sport – Arbeit – Spiel – Leistung. Greifen Sie dabei auch auf Ihnen schon bekannte Vorstellungen anderer Verfasser zurück.

(e)

„Da können bürgerliche Gehirnakrobaten, Meinungsforscher und Meinungsmacher sich anstrengen wie sie wollen – sie müssen durch unsere Leistungen zur Kenntnis nehmen: Das Geheimnis dieser Erfolge ist die Kraft der sozialistischen Gesellschaftsordnung, die alle Bedingungen bietet, alle Möglichkeiten zur Entwicklung aller Talente schafft und fördert."

Renate Stecher, 2fache Olympiasiegerin 1972 (100 und 200 m)

---

1. Von welchen „Erfolgen" spricht Stecher offensichtlich?

2. Wie wird hier die Beziehung zwischen sportlicher Leistung und Gesellschaft ausgelegt?

3. Stellen Sie diese Meinung Stechers dem Statement (d) gegenüber.

4. „Ich hatte es einfach satt. Es war schon immer ein schweres Leben da drüben; denn man wurde ja immer gegängelt." (Fred Kämmerer, neunfacher DDR-Meister im Ringen und DDR-Flüchtling) Wie vereinbart sich diese Ansicht mit der Äußerung Stechers? Fragen Sie nach möglichen Beweggründen für die abweichenden Stellungnahmen.

C. Gesellschaftskritik in der Gegenkritik

I. Deutsche Sporthilfe aus der Sicht eines Spitzensportlers: Das Beispiel Eberhard Gienger

7 Meine sehr verehrten Damen und Herren!

Ich freue mich, die Möglichkeit zu haben, in diesem Kreis einige Worte über das Verhältnis von Sportlern zur Sporthilfe zu sagen. Ich stehe hier nicht als Vertreter aller Leistungssportler, denn man hat mich nicht delegiert, aber ich glaube sagen zu können, daß die Probleme der Turner, deren Vertreter ich bin, sehr ähnlich geartet sind wie die anderer Sportler.

Leistungssport in der heutigen Zeit ist mit den Anforderungen noch vor 15 Jahren kaum zu vergleichen. Wer mit den Besten der Welt Schritt halten möchte – im Falle der Turner mit den Japanern, den Russen und den Sportlern aus der DDR –, muß viel trainieren, muß viel investieren an Zeit, Privatleben und Geld.

Damit Sie sich einmal ein Bild machen können, sei hier angeführt, wie ein Trainingsplan aussieht:

Im Durchschnitt trainieren wir 6×3 Stunden in der Woche, was allerdings vor großen internationalen Wettkämpfen auf bis zu fünf, manchmal sogar sechs Stunden gesteigert werden kann, d. h., eine solche Belastung kann nur dann verkraftet werden, wenn sonst keine oder nur geringe Nebenbeschäftigungen bestehen.

Drei Stunden im Durchschnitt pro Tag hört sich so an, als wäre mit diesen drei Stunden alles erledigt, und der Athlet ist wieder frei für andere Beschäftigungen. Daß dem nicht so ist, läßt sich klar erkennen, wenn man bedenkt, daß die drei Stunden effektive Trainingszeit sind und noch die Zeit für die Anfahrt zum Trainingsort, das Umkleiden, eventuelle medizinische Vorbeugemaßnahmen sowie nach dem Training Duschen, Massage, und was sonst noch alles anliegen mag, hinzugerechnet werden muß. Vier bis sechs Stunden pro Tag werden also schon für den Sport aufgewandt. Im Anschluß an eine solche Belastung bleibt es oft nicht aus, daß der Athlet müde und abgespannt ist, d. h., er muß sich sehr zusammennehmen, um noch für seine Schule, sein Studium oder seinen Beruf etwas zu tun.

Die tägliche Doppelbelastung, Training und Ausbildung, sowie das Fehlen in der Schule und an der Universität durch Trainingslager, Wettkampfreisen oder sonstige Veranstaltungen zieht oftmals eine Vernachlässigung der Ausbildung und später des Berufs mit sich.

Ich persönlich habe mein Studium in zwei Etappen aufgeteilt. Das Diplomsportlehrerstudium habe ich nach sieben Semestern abgeschlossen, jetzt schließen sich voraussichtlich neun weitere Semester Englisch und Russisch-Studium an. Mit anderen Worten: Mein Studium dauert doppelt so lang.

Es ist unmöglich, mehrere Fächer zur gleichen Zeit zu studieren und nebenher Leistungssport zu betreiben. Das eine oder andere würde darunter leiden, vielleicht sogar beides.
Es ist eben in unserer Demokratie nicht so einfach wie in der Sowjetunion oder auch anderen Ländern des Ostblocks, wo es heißt (und dies ist nun ein Zitat des russischen Cheftrainers der Schwimmer, Waitschekowski): „Wenn der Aktive Schule und Leistungssport nicht koordinieren kann, muß er aufhören – mit der Schule." Das klingt zwar übertrieben, sicher aber ist, daß in der DDR der Studien- bzw. Stundenplan nach dem Trainingsplan erstellt wird und nicht umgekehrt wie bei uns.

Das soll nun kein Klagelied sein, denn daß auch in unserem System Siege bei großen internationalen Meisterschaften erzielt werden können, hat die Vergangenheit gezeigt; aber die Sportler der DDR haben es wesentlich leichter als wir, zumal wir uns darüber im klaren sein müssen, daß nach Beendigung der Karriere als Leistungssportler nur noch die Leistungen im Beruf zählen. Darum ist eine gute Ausbildung außerordentlich wichtig.

Die Sporthilfe war mit ein entscheidender Faktor, daß es zu solchen Siegen westdeutscher Sportler kam, denn sie gewährte und gewährt Mitgliedern des A- und B-Kaders Studienbeihilfen. Alle geförderten Sportler erhalten darüber hinaus von der Sporthilfe Zuschüsse für die Aufwendungen, die dem Sportler durch Fahrtkosten, Ernährungskosten, Massagen und zusätzliche Mieten entstehen. Einen weiteren wichtigen Beitrag leistet die Sporthilfe, indem sie alle die von ihr Geförderten versichert. Für den Aktiven ist das natürlich eine große Erleichterung, denn er braucht sich nun um eine finanzielle Absicherung keine Sorge zu machen und wird selbst auch nicht weiter finanziell belastet.

Wie wertvoll diese Unfallversicherung ist, zeigen zwei Beispiele. Mein Turnfreund Peter Brüggemann zog sich Weihnachten vor einem Jahr einen Bruch des Kahnbeins im Handgelenk zu und mußte operiert werden. In einer Schweizer Klinik wurde diese Spezialoperation durchgeführt. Die Operation gelang. Die Sporthilfe übernahm sämtliche Kosten. Peter Brüggemann turnt heute wieder.

Und wer unter Ihnen kennt nicht die tragische Geschichte von Jürgen Bischof, der nach einer Achillessehnenoperation erst Wochen danach aus der Narkose erwachte und heute 100% arbeitsunfähig ist. Die Sporthilfe war es, die seine Versicherungsansprüche in der Form durchsetzte, daß das Land Bayern ihm eine Rente bezahlt.

Die direkten finanziellen Zuwendungen, die der Aktive heute von der Sporthilfe entgegennehmen kann, sind allerdings bei weitem nicht ausreichend. Hier ein kleines Beispiel. Einige Turner, die in Frankfurt trainieren, studieren in Mainz oder sind dort bei der Bundeswehr stationiert, d. h., sie müssen 5mal in der Woche jeweils 90 km fahren. Bei einem Kilometergeld von nur 10 Pfennigen wären das im Monat 180,– Mark. Neben diesen Fahrtkosten läßt sich eine ganze Reihe anderer Mehrauslagen aufzählen:

1. Erhöhter Bedarf an energiereicher Nahrung,
2. Heimfahrten für Aktive, die nicht am Ort des Leistungszentrums wohnen,

3. Aufwendungen für Trainingsutensilien,

4. Aufwendungen für Fahrten zu Wettkämpfen, die hier und da der Aktive selbst zu tragen hat.

Auf der Suche nach Möglichkeiten, die erhöhten Kosten zu decken, haben Sportler bzw. deren Vereine in letzter Zeit herausgefunden, daß Firmen oder Industriekonzerne bereit sind, sie zu unterstützen. Sie vergessen dabei aber leicht, daß sie sich dann in ein Abhängigkeitsverhältnis begeben. In der freien Wirtschaft wird nichts verschenkt, und deshalb kalkulieren Firmen sehr genau, von welchem Sportler eine gewisse Werbewirksamkeit zu erwarten sein dürfte. In der Regel sind es die Spitzenathleten; diejenigen, die im zweiten Glied stehen, sind schon weniger interessant.

Die Sporthilfe unterstützt auch die noch nicht an der Spitze stehenden Sportler, hat aber ihr System dem der Wirtschaft angeglichen. Am Jahresende gibt es eine leistungsbezogene Kostenzulage für die Erfolgreichen. Es stellt sich hierbei die Frage, ob die Sportler im zweiten Glied, die auf dem Sprung zur Spitze sind, und vor allem Nachwuchskräfte eine höhere Zuwendung nicht nötiger hätten.

Spitzenleistungen von Sportlern können nämlich in der Regel nur durch eine breite Basis gewährleistet werden. Beispiele dafür gibt es genug, man denke nur an die führende Nation im Eishockey (in der Sowjetunion gibt es 40000 aktive Eishockeyspieler) oder im Kunstturnen (in Japan sind an einer Universität fast so viele Leistungsturner anzutreffen wie in ganz Deutschland).

Meines Erachtens ist es deshalb unerläßlich, für genügend guten Nachwuchs zu sorgen, der dann auch ausreichende Unterstützung erhalten sollte.

Wer sich für den Leistungssport entschieden hat und etwas erreichen will, weiß, daß es ohne harte Arbeit, ohne Schweiß und Verzicht nicht abgeht.

Die meisten Leistungssportler sind Idealisten und bereit, viel Zeit für ihren Sport zu investieren. Sie nehmen Nachteile im Beruf und eine verlängerte Ausbildungszeit in Kauf. Sie setzen oft privates Glück aufs Spiel, und sie lassen sich oft nicht durch schwere Verletzungen abhalten, ihren Sport weiter zu betreiben.

Günter Spies, ein mir nahestehender Turnfreund, hat einmal in einem Zeitungsinterview geäußert, er würde erst mit dem Leistungssport aufhören, wenn er im Rollstuhl sitzen müsse. Daß er es ernst meint, zeigt die Tatsache, daß er gestern zum drittenmal am linken Knie operiert wurde und nach Genesung sein Training wiederaufnehmen will.

Neben Günter Spies können auch andere Beispiele aufgezählt werden, alles Idealisten, aber auch beim größten Idealismus alleine kann man in der heutigen Zeit zu keinen Höchstleistungen mehr gelangen. Deshalb ist es eine Notwendigkeit, daß den Leistungssportlern geholfen wird, und zwar nicht nur mit einem warmen Händedruck im Rahmen einer öffentlichen Feierstunde, bei der ohnehin der Gratulant wichtiger ist als der Geehrte, und auch nicht mit einer Urkunde, die später irgendwo verstaubt, sondern ganz konkret mit finanziellen Mitteln, die viele Athleten unbedingt brauchen, um ihrem Sport weiter nachgehen zu können.

In jedem Fall kann eine Unterstützung nie genug sein.

E. Gienger

1. Charakterisieren Sie stichwortartig die Lebensweise eines Leistungssportlers. Halten Sie es für möglich, daß Sie den von Gienger geschilderten Weg eines Spitzenathleten auch einschlagen würden?
2. Wie begründet Gienger die Notwendigkeit der Sporthilfe?
3. Welche Bedeutung kann die Sporthilfe für den einzelnen Athleten haben? Bringen Sie dafür Beispiele.
4. Vergleichen Sie die Aussagen und Argumente Giengers mit denjenigen Kestings. Was erscheint Ihnen daran besonders bemerkenswert?
5. Wie beurteilen Sie selbst die Deutsche Sporthilfe?

II. Leistungssport und Erfolgsstreben

H. Lenk nimmt in seinem Aufsatz „Leistungssport in der Erfolgsgesellschaft“ u. a. Stellung zu jenen gesellschaftskritischen Stimmen, die das Leistungsprinzip im Spitzensport wegen seines vorgeblich unwiderstehlichen Zwangscharakters rigoros ablehnen. Er macht einsichtig, daß diese „Kritiker“ ihren Ausgang nehmen von einer Kritik an der „Leistungsgesellschaft“ überhaupt.
Und Lenk macht ebenso deutlich, daß diese Kritik die sich zum Teil auf den Arbeitsprozeß in den westlichen Gesellschaftssystemen bezieht, auf den Bereich des Sports übertragen wird. Lenk zielt darauf ab, die Stichhaltigkeit solcher Argumente zu überprüfen, wobei er zunächst den Begriff der Leistungsgesellschaft durch den der Erfolgsgesellschaft ersetzt. Er begründet dieses Vorgehen in einer ersten These so: „Wir leben nicht in einer totalen Leistungsgesellschaft. Eine vollständige Leistungsgesellschaft wäre inhuman. Wir leben eher in einer Erfolgsgesellschaft, die den sozialen Erfolg prämiiert, selbst wenn er zum Teil aus Scheinleistungen resultiert. Dies gilt für die oberen Schichten. Für die unteren gelten zunehmend Standard- und Routineanforderungen, Kontrollen gegen Störungen dienen eher als Leitziel denn höchst mögliche Leistungsverbesserung.“
Im Anschluß daran faßt er die kritischen Einwürfe, auf die sich nach Lenk die Sozialkritik konzentriert, in 4 Punkten zusammen: 1. einmal wird der Zwangscharakter der beruflichen Leistung, der den Interessen und Fähigkeiten des Produzierenden zuwiderlaufe, betont; zum anderen könne auf Grund des arbeitsteiligen Prozesses nicht mehr eindeutig entschieden werden, inwieweit das Individuum am Zustandekommen dieses Vorgangs beteiligt sei; auch würde das Prinzip der Chancengleichheit bei einem solchen Arbeitsprozeß ad absurdum geführt und endlich trage das konsequente Befolgen des Leistungsprinzips zur Inhumanität bei, weil es im Widerstreit mit anderen, für das Individuum und die Gesellschaft bedeutsamen Werten liege.

8 Zu *Punkt I* der Kritik: Werden sportliche Leistungen unter Zwang und Sanktionen den Athleten gegen ihren Wunsch abgepreßt? Entsprechen sie weder den Interessen noch den Fähigkeiten der Sportler? Dies letztere braucht nicht diskutiert zu werden. Es ist unbezweifelbar, daß die sportliche Leistung, auch die Spitzenleistung, den Fähigkeiten und Interessen der Athleten im höchsten Maße entspricht. Daß unter Sanktionenandrohung oder Zwang die Leistung dem Sportler abgezwungen werde – das ist im allgemeinen sicherlich falsch, obwohl es Ausnahmefälle von verbandsdirigistischer Einflußnahme gibt. Meist streben die Sportler selbst dann nach der Hochleistung und besetzen diese mit starken Emotionen und Bewertungen, wenn sie unter einem gewissen Druck von Verbandsfunktionären, der öffentlichen Meinung oder einer Förderinstitution stehen. Daß solche Fälle in der letzten Zeit der Zahl nach zugenommen haben, daß manche Sportler sich abhängig von einer Förderinstitution und deren Leistungserwartungen fühlen, daß man nicht sehr geschickt, diplomatisch und leistungsförderlich Sanktionenandrohungen eingesetzt hat – all das ist nicht zu leugnen. Doch läßt sich die Kritik des Punktes I am Leistungsprinzip aufgrund solcher Ausnahmefälle nicht auf den Leistungssport generell übertragen. Der Athlet empfindet und bewertet die sportliche Hochleistung fast nie als eine seinen Wünschen und Interessen oder seinen Fähigkeiten widerstreitende Last, die ihm abgezwungen würde.

Zu *Punkt 2* der Kritik, der personalen Nichtzuschreibbarkeit der Teilleistungen, ist zu sagen: Die sportliche Leistung ist nach Vollzug und Resultat durchaus eindeutig dem Individuum als dessen ,,Werk" zuzuschreiben, ganz im Gegensatz zur Leistung am Fließband. Nur der Athlet als Person, in Einzelsportarten als einzelne Person, kann die Leistung vollbringen. Die sportliche Leistung ist unverwechselbar durch eine persönliche Tat zustande gebracht. Sie ist nicht durch Tricks zu erschleichen oder vorzutäuschen. Nationale Schritthilfe und Förderungshilfen erleichtern das Erreichen des höchsten Leistungsniveaus, ersetzen aber die Leistung selber keineswegs: Nur die Vorbedingungen können erleichtert werden. Rekordathleten und Rekorde können nicht im eigentlichen Sinne ,,gemacht" werden. Hilfen können nur die nötigen Bedingungen erleichtern, manipulieren, zum Günstigen wenden; dadurch werden sie noch keineswegs zu hinreichenden Bedingungen.

Sicher sind gewisse ,,Ungerechtigkeiten" in bestimmtem Sinne unvermeidlich: Ein Sportler eines Landes ohne großzügige Förderungsmöglichkeiten, der nicht über die nötige ausgedehnte Trainingszeit oder angemessene Trainingsanlagen oder gar hervorragende Trainingsanleitung verfügt, hätte diese bestimmte Leistung nicht vollbringen können. Mindert das den persönlichen Wert der geförderten Leistung? Die Leistung sicherlich nicht, höchstens deren Bewertung als Erfolg. Selbst wenn jedoch der Erfolg der vollbrachten Leistung im Vergleich mit besser geförderten Konkurrenten sinkt, hat das keinen Einfluß darauf, daß der Athlet in jedem Falle die Leistung selbst erbracht hat, sie als *seine* Tat erlebt und bewertet. Die personale Zuschreibbarkeit der Leistung ist im sportlichen Bereich im höchsten Maße gewährleistet.

Zu *Punkt 3*, dem der fehlenden Chancengleichheit, muß festgestellt werden: im sportlichen Wettbewerb ist die Chancengleichheit für den Erfolg zwar durch nationale oder gesellschaftliche Schritthilfen und dementsprechend unterschiedliche Startpositionen der Talente erschwert – ähnlich wie in der beruflichen Entwicklung. Für die bereits motivierten und trainierten Athleten der entwickelten Sportländer, die sich in einer Disziplin zum Vergleich stellen, garantieren allerdings die exakten Vergleichsmöglichkeiten, die schnell sich einander angleichenden Methoden des Trainings doch eine gewisse relativ weitergehende Annäherung an das Ideal der Chancengleichheit, als sie in jedem beruflichen Bereich zu finden ist. *Völlige Chancengleichheit* wäre ohnehin utopisch. *Relativ gleichartige Startchancen* und exakte Vergleichsmöglichkeiten sind im Sport noch am ehesten anzunähern.

Der *vierte Punkt* der Kritik, der sich gegen die ,,perfekte Durchsetzung'' des Leistungsprinzips und gegen eine totale Leistungsgesellschaft richtete, trifft ebenfalls auf den Sport nicht zu – oder nur in sehr eingeschränktem Maße auf gewisse dem Sport und dem Sportler von außen aufprojizierte Erwartungen und Bewertungen. Selbst wenn der Leistungssport sich als eingegrenzter sozialer Teilbereich vorrangig nach Leistungskriterien ausrichtet, so bedeutet dies kein Plädoyer für eine totale Leistungsgesellschaft in allen Belangen und für alle. Eine totale Leistungsgesellschaft wäre, wie erwähnt, inhuman. Die Leistungskriterien und Leistungsanforderungen des Sports gelten nur für jene, die sich nach ihrer eigenen Wahl oder ihrer immer wieder zu übernehmenden Entscheidung den Regeln dieses Bereiches unterstellen. Dies gilt prinzipiell – ungeachtet dessen, daß faktisch dem einzelnen Athleten eine Entscheidung zum Rücktritt o. ä. sehr schwer werden kann. Die Regeln des Leistungssports fordern nicht, daß jeder Mensch nur als Leistungsträger zu gelten habe, selbst wenn innerhalb der sportlichen Disziplinen eine Bewertung der Leistungsrolle vorherrscht. Zweifellos besteht die Gefahr, daß im Interesse der sogenannten nationalen Repräsentanz oder der sensationellen Rekordsucht nur noch die neue Rekordmarke, nur noch die Zahl, die abstrakte Leistung als solche gesehen und der Sportler als Mensch, seine Leistung als Tat im Rahmen ihrer sozialen und menschlichen Bedingungen vergessen oder vernachlässigt wird. Diese Tendenz zur ,,Verdinglichung'' der Leistung, zum Fetischismus des Rekords, wird dem Sport und den Athleten von außen – von der öffentlichen Meinung und ihren Erwartungen – aufgeprägt, aufprojiziert. Leider geraten auch manche Funktionäre und Trainer in den Bann dieser Verdinglichungstendenz, welche die neue Gesellschaftskritik mit Recht kritisiert. Dem Erleben des Athleten und den Möglichkeiten eines personalen Ausdrucks, einer Selbstdarstellung durch sportliches Handeln entsprechen weder diese Einschränkung auf das bloße zahlenmäßige Überbieten der alten Bestleistungsmarken – seien es absolute oder persönliche – noch die Ausdehnung der Leistungsforderungen auf alle sozialen Belange. Punkt 4 der Kritik trifft den Leistungssport nicht zentral, wenngleich eine äußerlich aufgedrängte Tendenz zur ,,Verdinglichung'' der sportlichen Leistungen unter die Kritik fällt.

Die Kritik an der Übertragung der Kritik am beruflichen Leistungsprinzip auf den Sport läßt sich zusammenfassen in *These 3: Die Kritiken, die sich gegen die Anwendbarkeit des Leistungsprinzips im Berufsbereich richten, können nicht (oder kaum) auf den Leistungssport übertragen werden. Die sportliche Leistung entspricht sowohl den intensiv wertbesetzten Wünschen als auch den Fähigkeiten des Athleten und wird in den allermeisten Fällen nicht unter Zwang vollbracht. Ein so hohes Leistungsniveau, das volles persönliches Engagement erfordert, ließe sich gar nicht erzwingen. Die Leistung ist persönlich dem Athleten als dessen Tat, dessen eigenes „Werk" zuzuschreiben. Und Startchancen wie Vergleichsmöglichkeiten sind innerhalb einer einzelnen Disziplin noch relativ gleich verteilt, wenn auch Entwicklungschancen für Talente sich noch stark unterscheiden, international wie regional. Leistungssport ist kein Modell der Gesamtgesellschaft, sondern bietet nur Verhaltensmodelle für einen sehr eingeschränkten Sozialbereich, dessen Regeln man sich eigenverantwortlich unterstellt. Die Kritiken gegen die zu perfekte Durchsetzung des Leistungsprinzips können sich nicht auf den Leistungssport insgesamt, sondern nur auf gewisse von außen aufgedrängte Tendenzen zur „Verdinglichung" von Leistung und Rekord richten. Insgesamt läßt sich die teilweise berechtigte Kritik am beruflichen Leistungsprinzip nicht (oder nur in Ausnahmepunkten) auf den Sport übertragen.* H. Lenk

---

1. Wie charakterisiert Lenk die Haltung des Athleten gegenüber seiner Leistung?
2. Mit welchen Argumenten widerlegt Lenk die These, daß das Ergebnis der Leistung vom Athleten loszulösen sei?
3. Entwickeln Sie den Kerngedanken der 3. Lenk-These (84, ff.).
4. Was spricht nach Lenks Meinung gegen den Begriff der Leistungsgesellschaft? Vgl. dazu die 1. These und seine Ausführungen auf Z. 55, ff.
5. Erörtern Sie unabhängig von Lenk das Problem der Chancengleichheit. Erläutern Sie den Grundgedanken dieses Prinzips. Diskutieren Sie seine Voraussetzungen und Realisierungsmöglichkeiten im Sport. Äußern Sie sich zu Lenks Argumentation hinsichtlich dieser Problematik.

III. Argumente zum Verhältnis von Leistungskritik und Spitzensport

v. Krockow setzt sich in diesem Teil seiner Abhandlung mit der Leistungskritik am Spitzensport auseinander. Nachdem er die Argumente dieser Sportkritiker auf vier Punkte konzentriert hat, geht er daran, die Stichhaltigkeit dieser Kritik zu überprüfen.

9 Kann man gegenüber derart massiven Angriffen überhaupt eine Verteidigung aufbauen? Das ist in der Tat möglich. Freilich bedarf es der sorgsamen Abwägung, der Differenzierung; es sind stets die gefühlsbeladenen Pauschalurteile, die im Pro und Contra jede sachgerechte Diskussion ersticken.
Um zunächst nur ein, das zuletzt angeführte Argument der Leistungskritik einer Gegenkritik zu unterziehen: An der Empörung von Schülern, Studenten und wissenschaftlichen Nachwuchskräften über den „Leistungsterror" und seine Ungerechtig-

keiten – sei dies die Zensurengebung in der Schule, seien es Zwischenprüfungen im Studium oder sei dies schließlich die Habilitation als ein Auslesekriterium für die Berufungsfähigkeit zum Hochschullehrer –, an dem Widerstand gegen ,,technokratische" Rationalisierungen und an der Begeisterung für ,,forschendes Lernen" und ,,Projektstudium" mag vieles berechtigt, beinahe alles verständlich sein. Aber es gibt eine eigenartige Ambivalenz, gerade dort, wo es dem Anspruch nach so sehr um ,,Emanzipation", um die Interessen des bisher Benachteiligten geht. Denn müßte die Empörung nicht in erster Linie der *Ungenauigkeit* der Leistungskriterien und Bewertungsmaßstäbe gelten – und alles Bemühen darauf gerichtet sein, ihre Exaktheit und – modisch ausgedrückt – ,,Transparenz" zu vergrößern?

Mit der bloßen Abschaffung unzulänglicher Leistungskriterien ist es jedenfalls nicht getan, ganz im Gegenteil. Auf irgendeine Weise muß und wird in unserer so hochgradig und unwiderruflich differenzierten und arbeitsteiligen Gesellschaft in jedem Falle eine Auslese erfolgen, und wenn die Leistungsauslese entfällt, werden unabwendbar andere Kriterien an ihre Stelle treten: die Herkunft, die Verwandtschaft oder andere persönliche Beziehungen, die Partei- oder Konfessionszugehörigkeit, der Nachweis der politischen oder sonstigen Rechtgläubigkeit. Was immer: Falls aus dem Kampf um verbesserte, genauere, überprüfbare Leistungsmaßstäbe kurzschlüssig die Verketzerung des Leistungsprinzips schlechthin wird, müßten notwendig gerade die Schwächsten, die schon bisher Benachteiligten auf der Strecke bleiben. Dagegen gilt: ,,Jeder Versuch, den Bereich der Forderungen und ihrer Kriterien abzustecken, würde den Kandidaten aus unterprivilegierten Klassen dadurch zugute kommen, daß der Einfluß von Imponderabilien ausgeschlossen würde oder die Klassenmerkmale sich zumindest explizit erklären und auswirken müßten."[19]

Könnte sich deshalb nicht am Ende der Verdacht aufdrängen, die Leistungskritik ziele – vorbewußt – auf das Gegenteil dessen, wofür sie einzutreten wähnt, nämlich auf Privilegienerhaltung statt auf Privilegienabbau? Solcher Verdacht wird mit subjektiv gut gemeintem Protest schwerlich erledigt. Noch einmal die französischen Bildungsforscher: ,,Oder will man sich einreden, eine Gruppe, die fähig sei, gegen ihre eigenen Privilegien zu protestieren, sei keine privilegierte Gruppe mehr, wobei man" – auch vor sich selbst – ,,durch den Protest gegen die Tatsache von der Tatsache selbst ablenkt?"[20]

In dieser Perspektive muß nicht zuletzt die gefühlsbeladene Ablehnung des Leistungssports sich seltsam zwielichtig ausnehmen. Selbst wenn man davon absieht, daß unter Umständen der Sport Angehörigen unterprivilegierter Schichten Lebenschancen eröffnen kann, die ihnen sonst verschlossen bleiben – man denke an die Sozialgeschichte des Fußballs im Ruhrgebiet oder an die Sozialgeschichte des Boxens in den Vereinigten Staaten –, ergibt sich die Tatsache, daß im Sport Leistungsmaßstäbe von idealer Exaktheit und allgemeiner Verständlichkeit entwickelt worden sind wie sonst in keinem anderen Lebensbereich. Zwar bereitet in einigen Sportarten die Quantifizierung der Leistungen und damit der Leistungsvergleich

[19] Bourdieu u. Passeron: Die Illusion der Chancengleichheit, Stuttgart 1971, S. 186.
[20] A. a. O., S. 19.

Schwierigkeiten, zum Beispiel in allen Sportarten, in denen der ominöse Begriff ,,Kunst" vorkommt: Kunstturnen, Eiskunstlauf usw. Hier verbleibt dem subjektiven Ermessen der Richter notwendig ein Spielraum, der sich allenfalls einengen, aber nicht beseitigen läßt. Wettbewerbe und Meisterschaften werden daher immer wieder vom Ärger über vermeintliche oder wirkliche Fehlurteile überschattet. Aber gerade dieser Ärger demonstriert, daß es sich nicht um die ,,idealtypischen" Formen des modernen Leistungssports handelt, sondern um Randerscheinungen. Typisch für die moderne Sportentwicklung ist vielmehr die immer genauere Regelung, die eine präzise Überprüfung und den Leistungsvergleich selbst dann noch ermöglicht, wenn die Leistungen zu verschiedenen Zeiten und an weit voneinander entfernten Orten erbracht werden. Wer am schnellsten lief oder schwamm, das läßt sich zweifelsfrei ermitteln. Und dem Jahrhundertsprung des Bob Beamon bei den Olympischen Spielen in Mexiko 1968 – dreifach nachgemessen, optisch um die Welt getragen, jedem verständlich – läßt sich nichts anhängen oder abhandeln; er sprang weiter als je ein Mensch zuvor oder seither.

Chr. Graf v. Krockow

Erläuterungen:

9 **Habilitation:** wissenschaftliche Qualifikation, die als Befähigungsnachweis für den Beruf eines Hochschullehrers angesehen wird.

13 **Ambivalenz:** Zweideutigkeit

17 **Transparenz:** Durchsichtigkeit

30 **Imponderabilien:** Unabwägbarkeiten

---

1. Was steht nach Meinung v. Krockows häufig einer sachlichen Auseinandersetzung um das Leistungsprinzip im Wege?

2. v. Krockow nimmt den Begriff ,,Leistungsterror" auf – was ist damit gemeint?

3. Wogegen wendet sich v. Krockows Kritik am Leistungsprinzip?

4. Problematisieren Sie die Beziehung zwischen Leistungsforderung – Leistungsverzicht – Leistungsbeurteilung – Auslese auf der Grundlage des v.-Krockow-Textes.

5. Mit welchem Recht kann v. Krockow von der ,,Zwielichtigkeit" des Leistungsgedankens im Leistungssport sprechen?

6. Wodurch zeichnet sich der Sport vor anderen Lebensbereichen nach v. Krockow aus?

7. Vergleichen Sie diesen Beitrag mit den Ausführungen Lenks. Sehen Sie Gemeinsamkeiten?

8. Versuchen Sie unter dem Titel ,,Für und Wider das Leistungsprinzip im Sport" ein Streitgespräch zu entfachen. Stützen Sie sich dabei auf Ihnen bekannte Argumentationen. Gehen Sie auch der Frage nach, inwiefern gerade bei dieser Thematik die Verzahnung von Sport, Gesellschaft und Leistung deutlich wird.

IV. Sport als Sinnerfahrung

10 Der Sport stellt zweifellos eine Großmacht im Gefüge der heutigen Gesellschaft dar. Aus kleinen Anfängen stammend, zunächst von vielen als Anzeichen der Verwilderung, besonders der Jugend, abgewertet, fasziniert er heute fast jeden Tag Millionen von Menschen. Auch wächst die Zahl derer ständig, welche aktiv Sport betreiben. Er hat in Schulen und Hochschulen Einzug gehalten und wird zum Gegenstand wissenschaftlicher Forschung. Sportliche Erfolge haben politische Bedeutung gewonnen, weil man durch sie das nationale Prestige zu stärken versucht oder die Leistungsfähigkeit des eigenen politischen Systems demonstrieren will. Kommunalpolitisch bedeutet z. B. ein Fußballbundesligaverein heute in der Bundesrepublik für das Image der Stadt Beträchtliches. Auch der gesundheitspolitische Effekt des Sports wird heute überall anerkannt. Er ist einer der wichtigsten Faktoren bei der Vorbeugung gegen die bekannten Zivilisationskrankheiten, welche mit der Lebensweise des Menschen in der rationalisierten und technisierten Gesellschaft verbunden sind. Daher soll der Breitensport gefördert und dem Sportunterricht in den Schulen eine größere Bedeutung beigemessen werden. Der Sport hat aber nicht nur prophylaktischen, sondern auch therapeutischen Wert. Das gilt nicht nur bezüglich der Zivilisationskrankheiten, sondern auch hinsichtlich des Sportes für Behinderte. Auch die psychotherapeutische und psychohygienische Bedeutung des Sportes wird immer mehr erkannt. Er vermittelt dem Menschen Erfahrungen des eigenen Könnens, stärkt, jedenfalls im Mannschaftssport, seine Fähigkeit zur sozialen Verbundenheit, zum Miteinander und läßt den Menschen, der sich heute so oft als kontaktschwach und als isoliert erweist, erfahren, wie er für andere etwas sein kann und selber durch diese mitgetragen wird.

Die zunehmende Etablierung des Sportes in der heutigen Gesellschaft trägt nicht nur positive Züge. So wird man z. B. sagen müssen, daß ein gefährlicher Nationalismus, von dessen katastrophalen Auswirkungen die Geschichte der letzten Jahrzehnte Zeugnis ablegt, sich der Verbindung von Nationalstolz und sportlicher Leistung bemächtigen kann. Dasselbe muß von einem gewissen Lokalpatriotismus gesagt werden, der allzu leicht sportliche Wettkämpfe in aggressive Auseinandersetzungen ausarten läßt. Schon von daher wird man gegenüber der These von Konrad Lorenz vorsichtig sein müssen, der Sport sei ein willkommenes Ventil für den Aggressionstrieb des Menschen, der unter den Bedingungen der modernen Gesellschaft seinen ursprünglichen biologischen Sinn verloren habe und nun gleichsam auf Ersatzobjekte umzulenken sei, damit er in einer ungefährlichen Weise abreagiert werden könne[1]. Wer einigermaßen darüber informiert ist, wie es heute bei großen sportlichen Veranstaltungen zugeht, der weiß, daß der Sport um seinen Sinn gerade dadurch gebracht werden kann, daß im Zusammenhang mit dem Sport Aggressionen zum Durchbruch kommen, welche nicht im Sport, sondern in ganz anderen Bereichen der menschlichen Existenz ihren Ursprung haben. Mißlungene Ehen, unbefriedigende Verhältnis-

[1] Konrad Lorenz, Das sogenannte Böse, Wien 17.–20. Aufl. 1966.

se am Arbeitsplatz, Minderwertigkeitskomplexe, das bedrückende Gefühl, versagt zu haben, ein dumpfes Unbehagen, welches sich selber nicht zu artikulieren vermag und mit der Sinnkrise zusammenhängt, in welche der Mensch in der heutigen Gesellschaft geraten ist, all das vermag in die Wut über einen unberechtigten Elfmeter einzuschießen und Aggressionen auszulösen, die zu einem unkontrollierbaren Verhalten der Massen führen können. Es scheint, daß nicht der Sport die Aggression abreagiert, sondern umgekehrt der Sport vor der Aggressivität geschützt werden muß. Das gilt freilich mehr für die Zuschauer als für die Aktiven, welche tatsächlich aggressive Kräfte bis zu einem gewissen Grade abreagieren können, und zwar auf eine durch die sportlichen Regeln entschärfte Weise. Dennoch gibt es auch bei ihnen aggressive Reaktionen, welche weder aus ihrer sportlichen Betätigung direkt abzuleiten wären, noch durch diese kanalisiert werden, sondern ganz im Gegenteil die sportliche Leistung beeinträchtigen und den betreffenden Sportler sich oft nur schwer in das Ganze eines Teams einfügen lassen. Freilich sollte man solche Ausbrüche von Aggression, mögen sie sich nun zwischen den sportlichen Gegnern vollziehen oder unter den Zuschauern, nicht, wie es immer wieder geschieht, dem Sport zur Last legen. Man muß sich vielmehr nach den allgemeinen gesellschaftlichen Ursachen, aber auch nach dem persönlichen Schicksal eines Menschen fragen, wenn man zu einer sachgerechten Diagnose dieser Aggressionsbereitschaft kommen will. Wenn wir dem Sport keine so große Bedeutung für die Abreaktion von Aggression zuerkennen können wie Lorenz, so dürfen wir andererseits nicht in den umgekehrten Fehler verfallen, den Sport für die allerdings oft bedrohlichen Aggressionen verantwortlich zu machen, die im Zusammenhang mit ihm immer wieder vorkommen[2].

Der Sport stößt, im Maße er sich in der Gesellschaft etablieren konnte, auch auf radikale Kritik. Sie richtet sich vor allem gegen das den Sport immer stärker beherrschende Leistungsprinzip und seine schwerwiegenden, nachteiligen Folgen für den Menschen. Unter der Herrschaft dieses Prinzipes gehe der Spielcharakter, so sagt man, des Sportes immer mehr verloren. Wo er als Leistungssport betrieben wird, höre er immer mehr auf, ,,eine Erscheinung aus dem großen Lebensbereich des Spiels" zu sein. Er stellt dann nicht mehr, wie Carl Diem es fordert, einen Gegensatz zur Arbeit dar, weil er als Spiel ,,zweckfreies Tun um seiner selbst willen[3]" ist. Denn die Strukturen, welche die moderne Arbeitswelt beherrschen, dringen immer weiter auch in den Bereich des Sportes ein. Die sportliche Leistung wird wie die Arbeitsleistung in der Industrie nach rationalen Gesichtspunkten organisiert. ,,Der Trainingsprozeß des Hochleistungssportlers beginnt wie ein Produktionsprozeß im Forschungslabor[4]." Die Meisterschaften, so heißt es bei Gerhard Vinnai, ,,werden von Ärzten und Trainern vorgeplant wie die Produktionsprozesse von Ingenieuren und Ökonomen. Während bestimmter Zeitabschnitte wird die Mannschaft oder ein einzelner Spieler auf ein

[2] Zur genaueren Kritik der Theorie der Aggression bei Konrad Lorenz s. W. Czapiewski und G. Scherer, Der Aggressionstrieb und das Böse, Essen 1967.

[3] C. Diem, Wesen und Lehre des Sports und der Leibeserziehung, Berlin 1960, 3.

[4] J. Habermas, Soziologische Notizen zum Verhältnis von Arbeit und Freizeit, in: Konkrete Vernunft, Festschrift für Erich Rothacker, Bonn 1958, 227.

bestimmtes Ziel hin ‚aufgebaut' wie ein Wirtschaftsbetrieb auf eine optimale Produktionsleistung." Ein genauer Trainingsplan wird aufgestellt und die Belastungen des Organismus errechnet und kontrolliert, damit dessen optimale Funktionstüchtigkeit erreicht wird. Wie die Arbeitsphysiologie darauf zielt, „mit möglichst geringem Kraftaufwand eine optimale Arbeitsleistung zu ermöglichen", so sucht „die sportliche Bewegungslehre [...]die Bewegungsabläufe ‚immer zweckmäßiger, rationeller und damit auch erfolgreicher zu gestalten[5]'". In Analogie zu den für die Steigerung der Arbeitsleistung empfohlenen Refa-Methoden, nach denen auch die Leerzeiten zwischen den einzelnen Arbeitsverrichtungen für den Arbeitsprozeß fruchtbar gemacht werden sollen, versucht man heute z. B. in der Leichtathletik und im Fußball durch das sogenannte Intervall-Training die Ruhepausen zwischen den sportlichen Belastungen in den organisierten Prozeß der sportlichen Leistungssteigerung mit hineinzuziehen. In dieselbe Richtung weist es, wenn die „extremen seelischen Belastungen vor und während der Sportwettkämpfe und die Aufenthalte in Trainingslagern" immer mehr dazu zwingen, „sich mit der psychischen Disposition der Spieler zu beschäftigen", um mit den wegen der sportlichen Höchstleistung eingetretenen Streßsituationen besser fertig werden zu können. Der Betriebspsychologe findet „sein Pendant in den Produktionsstätten sportlicher Leistungsfähigkeit[6]". Unter diesen Umständen wird der Amateurgedanke im Sport immer weiter zurückgedrängt. Die sportliche Leistung erfordert so sehr die ganze Kraft des einzelnen Sportlers, daß der Sport zum Beruf wird, welcher angemessene Entlohnung verlangt. Das bedeutet aber, daß Geld, Geschäft, wirtschaftliche Kalkulation und Profitdenken im Sport genauso selbstverständlich zu Hause sind wie in der Wirtschaft. Dem entspricht es, wenn die Sportvereine immer stärker nach dem Modell des wirtschaftlichen Managements organisiert werden.

Daß der Sport heute ein Teil der verwalteten Welt ist, seine eigenen Funktionäre und bürokratisch organisierte Institutionen unterhält, hängt nur zum Teil mit dem Vordringen wirtschaftlicher Gesichtspunkte im Sport zusammen. Das Funktionärswesen ist nicht einfach, wie z. B. Vinnai aus seinem ideologisch verkürzten Blickwinkel meint, eine Folge des Übergreifens kapitalistischer Strukturen auf den Sport, sondern hängt damit zusammen, daß der Sport wegen der Vielzahl der Sporttreibenden und Sportarten organisiert und verwaltet werden muß, einfach um den Spielbetrieb zu ermöglichen. Wenn wir diese Notwendigkeit anerkennen, so dürfen wir allerdings nicht gegen die Gefahren blind werden, welche überall dort auftauchen, wo Funktionärshierarchien Machtpositionen innehalten. Diese Gefahren sind vor allem: unnötiges Sichaufblähen des Verwaltungsapparates, Ausbau und Verteidigung dieses Apparates als einer Machtzentrale, Vorrang des Bedürfnisses dieser Zentrale, ihre Kompetenzen zu erweitern, gegenüber sachlichen Notwendigkeiten. Der von Funktionären gesteuerte Apparat neigt immer dazu, zum Selbstzweck zu werden. Das gilt für politische Parteien, staatliche Verwaltung, Interessenverbände nicht anders wie für analoge

[5] Gerhard Vinnai, Fußballsport als Ideologie, Frankfurt 1970, 36. Das Zitat bei Vinnai entstammt K. Meinel, Bewegungslehre, Berlin 1966, 22.
[6] Vinnai, a. a. O. 36f.

Institutionen im Sport. Nicht einmal die Kirchen sind von der Dialektik zwischen sachlicher Notwendigkeit und überzüchtetem Anspruch solcher Institutionen frei. Das hier entstehende Kernproblem der verwalteten Welt übergreift die gegensätzlichen Gesellschaftsordnungen und politischen Systeme. Ja es dürfte sich in den sozialistischen Ländern noch nachdrücklicher stellen als in den sogenannten kapitalistischen. Es stellt sich mit der Massenhaftigkeit des heutigen Daseins und der technisch-rationalen Organisation der Gesellschaft überhaupt. Daher muß man sagen, daß eine bloße Kapitalismuskritik das Problem geradezu verharmlost. Denn die Beseitigung kapitalistischer Strukturen würde die Notwendigkeit der funktionalisierten Verwaltung und die mit ihr gegebenen Gefahren keineswegs beseitigen.

Durch die Anwendung der rationalen Methoden der Leistungssteigerung gerät der Sportler in die Gefahr, zum Objekt eines Prozesses verdinglicht zu werden, weil man ihn als bloßes instrumentelles Mittel für einen bestimmten Zweck zum Einsatz bringt. Er gilt dann soviel wie er leistet, d. h., sein Sein ist mit seinem Funktionieren in dem organisierten Zusammenhang der Leistung identisch. Jenseits dieser Funktion kommt ihm keine Bedeutung zu, ist er nichts, es sei denn ein Abfall, der zu nichts mehr taugt. Das heißt, es setzt sich auf dem Felde des Sportes jene Bedrohung fort, welcher der Mensch in der heutigen Gesellschaft in all ihren Bereichen unterliegt, daß nämlich die Prozesse wirtschaftlicher Produktion, bürokratischer Verwaltung, technischer Manipulation und politischer Herrschaft nicht daran orientiert sind, den Menschen zur freien, sich selbst bestimmenden Existenz gelangen zu lassen, sondern er so im Dienst dieser Prozesse steht, daß er schließlich nur als ihr Zubehör erscheint, ähnlich wie ein Maschinenteil. Ernst Jünger hat bereits 1953 in seinem Buch ,,Die Spiele" darauf aufmerksam gemacht, daß der Sport im Maße seines gesamten gesellschaftlichen Kontextes anwächst, ebenfalls ,,immer mechanischer" geübt werde. ,,Der Mensch selbst wird hier zu einer Art Maschine, seine Bewegung, die von Apparaten kontrolliert wird, wird maschinell[7]."

Im Zusammenhang mit der Herrschaft des Leistungsprinzipes im Sport wird ihm von vielen Kritikern heute vorgeworfen, er wirke bei der Erziehung eines Menschentypes mit, der sich willig den Zwängen des bestehenden gesellschaftlichen Herrschaftssystems unterwerfe und unfähig sei, das ,,Gehäuse der Hörigkeit[8]", in das er eingeschlossen sei, zu zerbrechen. So erklärt Arnold Gehlen: ,,Die außerordentlich große Disziplinbereitschaft der heutigen Menschen wird vielleicht nicht weniger auf dem Sportplatz als in der Maschinenhalle gezüchtet[9]." Wie der Mensch unter Verzicht auf Eigeninitiative, Spontaneität, Selbstbestimmung und Phantasie sich den heute üblichen Arbeitsprozessen anzupassen habe und jene Möglichkeiten der Selbstverwirklichung immer weniger Menschen vorbehalten blieben, so unterliege der Sportler in vielen Sportarten dem Plan und der Taktik der Trainer und Betreuer. Ihm müsse er sich reibungslos einfügen. Th. W. Adorno erklärt sogar: ,,Zum Sport gehört nicht nur

[7] Frankfurt/Main, 149.
[8] Vinnai, a. a. O. 39.
[9] A. Gehlen, Sport und Gesellschaft, in: U. Schulz, Das große Spiel, Frankfurt/Main und Hamburg 1965, 28.

der Drang, Gewalt anzutun, sondern auch der, zu parieren und zu leiden[10]." Was das Leiden angeht, so muß daran erinnert werden, daß der Leistungssport eine asketische Grundhaltung und den Willen voraussetzt, sich Versagungen aufzuerlegen. Der Sportler muß sich während des Wettkampfes und bei der Vorbereitung auf ihn „quälen", sich vor Einsatzfreude „zerreißen" und „alles geben". Er hat extreme Belastungen seines Organismus durchzustehen und immer wieder psychischen Streß auszuhalten. Die Erfahrung, daß es im Sport, so erklärt C. Diem, „manchmal nicht ohne Quälerei geht", prägt sich ihm dann „für alle anderen Aufgaben ein, einen solchen Zwang nimmt er auf sich, wenn er das Ziel schätzen gelernt hat. Wir sollten Schmerzenshärte als Beweis unserer Menschenwürde betrachten[11]". Diem will damit eine auch pädagogisch positive Qualität des Sportes ansprechen. Vinnai dagegen erklärt im Anschluß an E. Fromm, auf diese Weise werde der autoritär-masochistische Charakter des Sportanhängers gezüchtet, welcher „das Fortbestehen blinder und unkontrollierter gesellschaftlicher Mächte ermöglicht". Diesem Charakter gilt das „Leiden, ohne zu klagen" als höchste Tugend. Er sieht keinen Grund zur „Abschaffung oder wenigstens Verringerung des Leidens". Daher, so fährt Vinnai fort, seien die „Tore auf dem Fußballfeld [...] die Eigentore der Beherrschten[12]". Weil der Sport angeblich sowohl zum willigen Ertragen des Leidens wie auch zum anpassungswilligen Gehorsam gegenüber den vom Leistungsprinzip aufoktroyierten Sachzwängen und den Funktionären führt, gibt es Autoren, welche den Sport als eine der Mächte betrachten, welche einer Demokratisierung unserer heutigen Gesellschaft im Wege stehen. Sie weisen auch darauf hin, geschichtlich nicht ohne Grund, daß jene Paarung von Bereitschaft zum Parieren und zum Leiden den Sport in eine Nahstellung zur militärischen Ausbildung und damit zum Kriege gebracht habe. Jeder, der in der nationalsozialistischen Ära in der Schule Turnunterricht genossen hat, weiß, wie leicht der Sport zur vormilitärischen Ausbildung mißbraucht werden kann. Hitler selbst erklärte in „Mein Kampf": „Man gebe der deutschen Nation 6 Millionen sportlich tadellos trainierter Körper, alle von fanatischer Vaterlandsliebe durchglüht und zu höchstem Angriffsgeist erzogen, und ein nationaler Staat wird aus ihnen, wenn notwendig, in nicht einmal zwei Jahren eine Armee geschaffen haben[13]." Ernst Bloch, der durchaus anerkennt, daß „im Vormärz, als das Turnen aufkam", ein „Ruck durch die gelähmten Glieder" zu gehen schien, ein Ruck in Richtung auf die Freiheit von Menschen, die sich nicht mehr ducken wollen, erklärt doch: „Leibesübung, ohne die des Kopfs, hieß schließlich: Kanonenfutter sein und vorher Schläger[14]."
Vinnai zitiert die Dienstvorschrift „Sport in der Bundeswehr", in der es heißt: „Sport fördert Gewandtheit, Schnelligkeit, Kraft und Ausdauer – Sport härtet den Willen zur Leistung – Sport erzieht zur Selbstzucht und zur Einordnung in die Gemeinschaft – Sport weckt und festigt den Sinn und das Gefühl für Manneszucht, Kameradschaft und Ritterlichkeit – Sport ist somit ein hervorragendes Mittel der militärischen Ausbil-

[10] Prismen, München 1963, 75.
[11] Diem, a. a. O. 39f.
[12] Vinnai, a. a. O. 91.
[13] Mein Kampf, München 1943, 455.
[14] Das Prinzip Hoffnung, Frankfurt/Main 1959, 524.

dung und soldatischen Erziehung[15]". Er bringt damit zweifellos einen weiteren Beweis für die immer mögliche Nähe von Sport und Militär bei. Bezeichnenderweise unterläßt er es aber, auf die weit intensivere Verzahnung von Sport und Militär in sogenannten sozialistischen Ländern hinzuweisen, in denen die bedeutenden Leistungssportler sehr häufig Offiziere der Armee sind, welche sie für die zur größeren Ehre des sozialistischen Systems und der Nation zu erringenden sportlichen Erfolge freistellt und zugleich unter wirksamer politischer Kontrolle hält. *G. Scherer*

[15] Wehrausbildung, Monatsschrift der Bundeswehr, Bonn 4, 1968, 121.

---

1. Nach welchen Gesichtspunkten ist der Text gegliedert? Nennen Sie Schwerpunkte!
2. Wie sieht der Verfasser den Zusammenhang von Sport und Aggression? Was fällt Ihnen daran auf?
3. Weshalb erscheint es möglich, den Leistungssport mit dem wirtschaftlichen Produktionsprozeß in Beziehung zu setzen?
4. Funktionärstum, Bürokratisierung und Verwaltung sind herausragende Kennzeichen der gegenwärtigen Industriegesellschaften; sie prägen aber auch den Sport. Worin besteht deren Notwendigkeit? Und wo sind die Grenzen zu ziehen?
5. Ernst Jünger stellt im Hinblick auf den Sport fest: „Der Mensch selbst wird hier zu einer Art Maschine, seine Bewegung, die von Apparaten kontrolliert wird, wird maschinell." (In: Die Spiele, Frankfurt 1953, 149). Was ist mit diesem Zitat gemeint? In welchem Zusammenhang steht diese Aussage mit der Vorstellung von einem „verdinglichten Menschen"? Stellen Sie Merkmale für einen solchen Menschentyp zusammen.
6. Scheerer spricht das Verhältnis von Sport und Militär an. Welche unterschiedlichen Auffassungen werden hier genannt?
7. Versuchen Sie im Anschluß an diesen Beitrag ein Raster zu entwerfen, indem Sie stichwortartig die kontroversen Ansichten zum Thema „Leistungssport" zusammenfassen (z. B. Verdinglichung – Selbstbestimmung, usw.).
8. Kann man Ihrer Meinung nach sagen, daß der Leistungssport zur Anpassung an gesellschaftliche Normen beiträgt und dadurch eine Demokratisierung der Gesellschaft verhindert? Wie verhält sich eine solche These mit der „Ausgleichsfunktion" vom Sport (Plessner)?

V. Die Leistungsinterpretation der „Neuen Linken" aus philosophischer Sicht

11 *Zu den wesentlichsten Positionen der „Neuen Linken" im bundesdeutschen Sport*

Das Hauptanliegen der „Neuen Linken" im bundesdeutschen Sport ist es, sich kritisch mit den offiziellen Sporttheorien auseinanderzusetzen und vermeintliche Alternativen zu schaffen.
Sie klagen die offiziellen Vertreter des bundesdeutschen Sports an, die Integration des Sports in das politische Konzept, seine Ausnutzung für die Interessen des Monopolkapitals vollzogen zu haben. Die Angriffe der „Neuen Linken" richten sich gegen die Kompensationsfunktion des Sports, gegen seine Integrationsfunktion als beliebtes Manipulationsmittel und vor allem gegen seinen ausgeprägten Leistungsfetischismus.
Man muß allerdings unter den Autoren der „Neuen Linken" im Sport der BRD stark differenzieren. Während die Westberliner Gruppe um *Böhme* in ihrer Schrift „Sport im Spätkapitalismus" sehr reale, zum Teil marxistische Positionen zu den Grundlagen der kapitalistischen Gesellschaftsordnung bezieht und die Ursachen der Ausbeutung und der totalen Versachlichung der menschlichen Beziehungen, denen vor allem auch der Leistungssport unterworfen ist, in den Produktionsverhältnissen sieht, dringen andere Vertreter dieser Richtung nicht zu dieser Erkenntnis vor. [...]
So finden wir eine Beschränkung ihrer Theorien auf die kapitalistische Gesellschaft und die Gegenüberstellung des Leistungssports im Kapitalismus und Sozialismus in Ansätzen nur bei *Böhme* u. a. Nicht selten wird von anderen Vertretern der real existierende Sozialismus abgelehnt und statt dessen ein Sozialismus gepriesen, der bisher weder in der Praxis realisiert noch seinem Zukunftsbild nach klar umrissen ist.
Ein großer Denkfehler der „Neuen Linken" im Sport besteht darin, daß die für den Menschen grundsätzlich wichtige Rolle der Arbeit nicht erkannt und diese lediglich als repressive, knechtende, die Individualität des Menschen unterwerfende Marter angesehen wird, deren befreiender und grundsätzlich anderer Charakter im Sozialismus nicht zur Sprache kommt. [...]
Insgesamt ist die Stoßrichtung der „Neuen Linken" im Sport wie auch ihre Kritik an anderen Bereichen der Gesellschaft zu sehr auf Details und Erscheinungen gerichtet. Das Wesentliche zur Veränderung kritisierter Zustände, nämlich die Veränderung der Produktionsverhältnisse, wird nicht getroffen, damit geht die gesellschaftlich revolutionierende Wirkung verloren. Obwohl die Forderung nach Abschaffung der kapitalistischen Produktionsverhältnisse des öfteren in diesen Theorien anklingt, wird sie nicht als Voraussetzung für die grundlegenden Veränderungen in der Sportbewegung betrachtet und so die Illusion bei den Lesern genährt, die Herauslösung des Sports aus dem Gesellschaftskonzept des Imperialismus wäre durch entsprechende Einsichten und subjektive positive Einstellung der Sporttreibenden und -konsumierenden, die anzuerziehen seien, möglich.

Diese Auffassung führt weg vom Kampf der Arbeiterklasse um die revolutionäre Veränderung der Gesellschaft und hat statt Konzentration der revolutionären Kräfte in einem echten Bündnis ihre Zersplitterung zur Folge. Nicht die Abschaffung des Leistungssports und der Olympischen Spiele, sondern die Abschaffung des Kapitalismus steht auf den Fahnen wirklich revolutionärer Kräfte geschrieben.

Die „Neuen Linken“ aber verlassen das Feld der Kritik nur selten, um zu praktisch möglichen Maßnahmen zu kommen, die das System in seinen Grundfesten erschüttern.

Obwohl die Arbeiterklasse formal als führende Klasse im Kampf um eine neue Gesellschaft anerkannt wird, zum Unterschied zu den Vertretern der „Frankfurter Schule“, kommt es auf dem Boden dieser Sporttheorien nicht zu einem Bündnis mit ihr. Der Weg zur Lösung der aufgezählten Probleme führt nur über die marxistisch-leninistische Gesellschaftskritik mit allen ihren Konsequenzen. Die „Neuen Linken“ im Sport der BRD verwirren aber die Zusammenhänge von Sport und Politik.

Damit unterstützen sie, ob gewollt oder unbeabsichtigt, die Politik des Imperialismus. Die „Neue Linke“ hat überdies auch im Sport die Rolle eines „Prügelknaben“ der Gesellschaft auf sich genommen durch gewisse antiautoritäre Forderungen und Verhaltensweisen, die den Interessen der Mehrheit der Bevölkerung widersprechen und die von den reaktionären „Politikwissenschaftlern“ nicht selten zur Identifikation dieser schein-marxistischen Auffassungen mit denen des Marxismus-Leninismus ausgenutzt wird und die den Marxisten schaden. Diese Tatsachen deutlich zu machen, ist Sinn der Auseinandersetzung mit den „Neuen Linken“ im bundesdeutschen Sport.

E. Dämpfert

Erläuterung:

21 Andere Vertreter dieser Richtung sind: Vinnai, Rigauer und Prokop, deren Ansätze durch eine zum Teil heftige Kritik an der bestehenden kapitalistischen Gesellschaft gekennzeichnet sind.

---

1. Welche Ziele nennt der Verfasser, die seiner Meinung nach die Position der „Neuen Linken“ charakterisieren?

2. Welche Einwände erhebt der Verfasser gegen Auffassungen der „Neuen Linken“? Ordnen und diskutieren Sie diese Vorbehalte.

3. Vergleichen Sie die kritischen Einwürfe des Verfassers mit denen von v. Krockows.

D. Der (partei-)politische Aspekt des Problems

In diesem Kapitel geht es um die Darstellung des Verhältnisses von Staat, Politik und Sport. Zu komplex ist diese Beziehung freilich, als daß sie mit Hilfe von Materialien aufbereitet werden könnte.
Hier kommt es lediglich darauf an, zu zeigen, wie sehr der Sport auch eine Angelegenheit der politischen Parteien ist. Förderungsmaßnahmen und Unterstützungsaktionen sowie Stellungnahmen zur gesellschaftlichen Bedeutung des Sports signalisieren unmittelbar diesen Tatbestand.
Bei all dem stellt sich als ein Grundproblem die Frage, ob der Staat dem Sport bestimmte Kompetenzen streitig machen kann, und inwieweit er diesen bevormunden darf. Darüber hinaus ergibt sich, daß die Politiker, deren Reden unter dem gemeinsamen Motto stehen „Die gesellschaftspolitische Rolle des Sports", auch sehr entschieden und zum Teil bekenntnishaft Position zum Leistungsprinzip im Sport beziehen.
Da es hier ebenfalls darum zu tun ist, politische Zielsetzungen hinsichtlich des Sports aus der Sicht unterschiedlicher Gesellschaftsformen zu betrachten, soll neben den programmatischen Erklärungen der führenden politischen Parteien der BRD auch auf eine offizielle Stimme der SED eingegangen werden. Dies geschieht allerdings nicht mit der Absicht, verschiedenartige Gesellschaftsorganisationen (BRD contra DDR) gegeneinander auszuspielen; vielmehr soll auch hier, wie in den übrigen Beiträgen, auf Alternativen verwiesen werden.

I. „Das Potential staatsbürgerlicher Verantwortung"

12 Das Thema Ihrer Tagung heißt: „Die gesellschaftspolitische Bedeutung des Sports." In der Tat: Der Pluralismus der freiheitlichen demokratischen Gesellschaft bedeutet nicht nur, daß jeder nach seinem weltanschaulichen Gewissen und nach seiner politischen Überzeugung leben und wirken kann und können muß, sondern daß er die Verpflichtung empfindet, aus den Besonderheiten seines Könnens, seiner Einsichten, seiner Interessen engagiert für das Allgemeinwohl mitzuwirken. Mit mehr als 12 Millionen Mitgliedern in 40 000 Sportvereinen ist der Deutsche Sportbund – soziale, konfessionelle, berufliche, politische Unterschiedlichkeiten umgreifend – eine in einem besonderen Maße zu sozialintegrierendem Wirken verpflichtete Gemeinschaft.
Die Sozialdemokratische Partei Deutschlands hat vor 10 Jahren – 1964 – in ihrer programmatischen Aussage zum Sport gesagt: Der Sport hilft

- die Gesundheit und Leistungsfähigkeit eines Volkes zu fördern und zu erhalten;
- zur Erziehung und Bildung des Menschen beizutragen; in Schulen, Vereinen und anderen Gemeinschaften soziale Grunderfahrungen zu vermitteln;
- eine sinnvolle Freizeitgestaltung zu ermöglichen.

Die veränderte Umwelt, unsere Gewohnheiten und Belastungen im Arbeitsprozeß, lassen den Sport immer mehr zu einem wesentlichen Element der Lebensgestaltung werden.
Sport vermag die Lebensfreude zu intensivieren, den Erlebnisreichtum zu steigern, die Persönlichkeitsentfaltung zu fördern, die Gesundheit zu sichern, der Freizeit einen – sicherlich nur einen – Sinn zu geben. Dies alles ist tausendfach gesagt worden. Sport als Leistungssteigerung – Sport als Lebenshilfe – Sport und Schule – Leistungssport – Spitzensport – Breitensport – wo sollen wir besondere Akzente setzen.

Der Begriff „Lebensqualität", der nunmehr seit etwa einem Jahrzehnt immer mehr auch in den politischen Sprachgebrauch gekommen ist, beschränkt sich nicht – wie allzu viele glauben möchten – auf die materielle Verbesserung der Lebensumstände. Dies ist nur eine Seite dessen, was man Lebensqualität nennen kann. Es geht mindestens ebensosehr um geistig-kulturell-humane Qualifizierung des Lebens. Sinnvoll genutzte Freizeit gehört zur Verbesserung der Lebensqualität. Freie Bürger müssen mit ihrer freien Zeit sinnvoll umzugehen lernen. Soweit der Sport hierbei eine Rolle spielt, und er tut es in hohem Maße, geht es nicht etwa darum, die Menschen passiv zuschauend oder aktiv gestikulierend auf die Sportplätze zu bringen und sie zu lehren, die Beinakrobatik ihrer Lieblingsspieler besser zu kennen als die Rechte ihrer Verfassung. Unsere Nation darf keine Gesellschaft werden, deren eine Hälfte auf dem Fußballplatz und deren andere Hälfte vor dem Fernsehschirm sitzt.

Aber der Sport hat in der wachsenden Freizeit der modernen Industriegesellschaft eine wachsende Bedeutung: im Breiten- und Freizeitsport jeden einzelnen in allen Altersgruppen für die Spiel- und Sportarten zu mobilisieren, die seinem Leben Lebensfreude geben und seinen Bedürfnissen angemessen sind in der physischen und psychischen Belastung unseres technologischen Zeitalters, – das wird wohl eine Utopie bleiben, auch wenn es ein anzustrebendes Ziel ist. Breiten- und Freizeitsport bedeutet mir mehr als Leistungs- und Spitzensport. Wenn man auch gewiß keine falschen Alternativen aufstellen sollte – zum einen ein absolutes Ja, zum anderen ein absolutes Nein sagend. Wer würde sich nicht freuen, wenn ein deutscher Sportler oder eine deutsche Mannschaft gewinnt?
Am wenigsten sollten wir uns mitschuldig machen, den Sport als Instrument systempolitischer oder nationalpolitischer Rivalität zu mißbrauchen, was trotz aller hehren olympischen Sprüche in der einen Hälfte der Welt mehr als in der anderen immer noch geschieht.
Lassen Sie mich sagen, daß mir Sport als Lebenshilfe für Versehrte und Behinderte als die schönste aller Sportarten erscheint. Es mag manchen als Ausdruck sportlichen Unverständnisses erscheinen – aber mich beeindruckt es weniger, ob jemand 5 cm höher springt als ein anderer, als es mich beeindruckt, wenn ich einen versehrten Menschen mit Willenskraft und Disziplin seine körperlichen Schwächen sportlich besiegen sehe. Das bringt vielleicht weniger nationales Prestige, aber es verdient mehr menschlichen Respekt.
Spätestens jetzt muß ich gestehen, daß ich hier etwas Unorthodoxes und Unstatthaftes tue: Ich lese Ihnen hier gar nicht vor, was meine Partei mir aufgeschrieben hat;

was schon wann immer seit langer Zeit meine Partei, die Sozialdemokratische Partei Deutschlands, zum Sport und seiner Förderung resolutioniert, beschlossen, gefordert, geleistet hat. Das ist stattlich, und das ist alles sehr gut, – das dürfen Sie mir glauben. Mindestens genausogut wie das, was meine Nachredner für ihre Partei sagen werden. Aber ich habe es beiseite gelegt und mir gestern abend einfach ein paar eigene Gedanken skizziert. Ich habe keine Neigung, mich hier von Ihnen an einer auf Gegensätzlichkeiten orientierten Konkurrenzvorstellung zu beteiligen, sondern möchte gerne die Gemeinsamkeit sehen, aus der wir dem Sport verpflichtet sind, wie der Sport der Gemeinsamkeit unserer Menschen verpflichtet ist.

Gemeinsam und einig sollten wir auch in der Entwicklung der innerdeutschen Sportbeziehungen sein. Die Jugend- und Sportbeziehungen sind sehr wesentliche Elemente der innerdeutschen Beziehungen. Wesentliche Klammern, um das Zusammengehörigkeitsgefühl unseres leider sicherlich noch auf lange Zeit geteilten Volkes zu bewahren. Das Protokoll über die Regelung der Beziehungen zwischen den beiden deutschen Sportbünden hat für uns ein Höchstmaß an politischer und humanitärer Bedeutung. Ein Mehr an Kooperation wäre uns lieber gewesen.

Im Einvernehmen mit Bundestag und Bundesregierung konnte der Deutsche Sportbund ein Ergebnis erzielen, das neben der vollen Einbeziehung der Sportorganisationen von Berlin eine feste Basis für die Weiterentwicklung und Erleichterung der innerdeutschen Sportbeziehungen bietet. Der Grundvertrag und das Viermächte-Abkommen stellen zusammen mit den Regeln und Beschlüssen der Sportföderationen und des Internationalen Olympischen Komitees eine solide Grundlage für die Zukunft dar. Diese Beziehungen können keinen internationalen Charakter haben. Es handelt sich um deutsche Beziehungen, die auf vielfältige Weise von besonderen Merkmalen geprägt sind. Der Sport hat mit seiner großen verbindenden Kraft die Aufgabe, einer Entfremdung zwischen der Bevölkerung in den beiden deutschen Staaten entgegenzuwirken. Deshalb bedürfen auch die innerdeutschen Sportbeziehungen der besonderen finanziellen Hilfe des Bundes. Sie erfüllen eine im besten Sinne nationalpolitische Mission.

Wer prüft, was Bund, Länder und Gemeinden finanziell geleistet haben, wird zu dem Ergebnis kommen, daß die Sportförderung bei uns einen respektablen Leistungsstand erreicht. Der Ministerpräsident dieses gastgebenden Landes hat Ihnen in dieser Stunde nicht nur die besonderen Grüße der Landesregierung zu entbieten, sondern auch auf die besonderen Leistungen der Landesregierung und des Landtags von Nordrhein-Westfalen gerade in der Sportförderung zu verweisen. Zum Beispiel haben wir den Zielwert, für jeweils 50 000 Einwohner eine Schwimmhalle zu bauen, bereits Anfang 1973 erreicht. Die allgemeinen Sportförderungsmittel, die 1973 in unserem Haushalt 266 Mio. betrugen, sind im Jahre 1974 auf 305 Mio. DM, also 14,8%, gestiegen, und insgesamt wendet diese Landesregierung im Jahre 1974 DM 565 Mio. für Sportförderung auf.

Gewiß ist auch dies noch zu wenig. Es kommt aber darauf an, gerade in Zukunft unsere Mittel, da wir nicht wissen, in welchem Maße wir sie steigern können, rational und sparsam, sparsamer denn je, zu verwalten. Jede Interessengemeinschaft – und auch der Sport ist eine, wie könnte das anders sein – erwartet von jeder Regierung nach dem Grundsatz, den der britische konservative Ministerpräsident Eden einmal so formuliert hat, vom Staate Sparsamkeit im allgemeinen und Freigebigkeit im besonderen. Wir – und der Sport gehört zu den Aufgaben, die an der Spitze der öffentlichen Sorgfalt zu stehen haben, – alle Bundesländer, unabhängig von ihrer politischen Regierungsstruktur und die Bundesregierung, werden tun und leisten, was auch immer wir können, wohlwissend, daß unserem Können dabei Grenzen gesetzt sind.

Der Deutsche Sportbund ist einer der gesellschaftspolitisch bedeutendsten Faktoren im Staat. Wenn in dem antiken Spruch, daß ein gesunder Geist sich am liebsten sein Gehäuse in einem gesunden Körper sucht, wenn an diesem Spruch etwas dran ist, dann müssen die 12 Millionen, die Sie vereinigen, ein gewaltiges Potential wachen und kritischen Geistes und verantwortlicher Staatsbürgerlichkeit sein. [...]

Wenn der Staat von den Sportlern neben der Aufgabe einer verantwortlichen Freizeitgestaltung und einer Gesunderhaltung der Bürger und einer Erziehung zu verantwortlicher Selbstentscheidungsfähigkeit erwartet, dann muß der Staat auch dem Sport gegenüber seine Pflicht erfüllen, damit der Sport dem Staat gegenüber seine Pflicht erfüllen kann. Im Sinne dieser gemeinsamen Verantwortung von Politik und Sport wünsche ich Ihrer Tagung von Herzen alles Gute und daß davon Kräfte in die Alltagsarbeit Ihrer Verbände ausstrahlen, die uns alle miteinander helfen, die gemeinsamen Aufgaben in dieser Zeit zu erfüllen.

H. Kühn

---

1. Welche Verpflichtungen erwachsen dem Bürger einer pluralistischen Gesellschaft nach Kühn? Welche Folgerung leitet er daraus für den Sport allgemein und den Sportorganisationen insbesondere ab?
2. Sport ist Lebenshilfe. Belegen Sie diese Ansicht durch Beispiele.
3. Was besagt der Begriff „Lebensqualität"? Wo hat er nach Kühn seine Bedeutung im Sport?
4. Wonach differenziert Kühn das vielschichtige Phänomen Sport? Welche Prioritäten setzt er dabei? Wie rechtfertigt er diese?
5. Nach Kühn zeichnet sich der Sport durch seine „große verbindende Kraft" aus. Weshalb sieht er in dieser „Kraft" gerade auch die politische Bedeutsamkeit des Sports?
6. Wie steht Kühn zum Problem der Sportförderung?
7. An welcher Stelle hebt er das Verhältnis von Staat und Sport besonders hervor? Welche Argumente führt er dabei ins Feld?

II. „Die Leistung beflügelt den Sport"

13 Dieser Deutsche Sportbund – auch das sei an diesem Tage gesagt – hat [...] in exemplarischer Weise dazu beigetragen, das Ansehen unseres Landes nach innen und nach außen zu mehren, im Verkehr mit internationalen und nationalen

Sportorganisationen, in wichtigen repräsentativen Ereignissen des Sports und nicht zuletzt – und ich stimme hier voll und ganz Heinz Kühn zu – in dem, was eine schmale Spur und kleine Chance war, mehr Menschlichkeit, mehr Miteinander im geteilten deutschen Vaterland zu wagen. Das alles ist wichtig und zeigt, daß in unserer Gesellschaft und in unserem Staate eben die Politik nicht der Versuchung erliegt und niemals erliegen wird, den Sport zu einem Mittel der Politik zu degradieren. Wir haben hier in der jüngsten Geschichte unsere eigenen Erfahrungen gemacht, und man braucht nicht nur von der Geschichte zu reden. Das, was die Nazis getan haben, ist uns noch allen präsent. Das, was die Kommunisten im anderen Teil Deutschlands auf diesem Gebiete tun, ist uns ebenfalls gegenwärtig. Genau dies wollen wir nicht.

Wir wollen, daß freie Bürger in einem freien Lande Sport treiben, so wie sie dies wünschen, daß der Staat eine wichtige Dienstleistungsfunktion hierbei erbringt, aber nicht in den Sport hineinregiert und schon gar nicht den Sport reglementiert oder staatlichen Zielen unterordnet. Natürlich ist die Versuchung für jeden, der im Amte ist, groß. Und es wäre töricht, dies nicht zugeben zu wollen. Wer das Amt verwaltet, das mit dem Sport zu tun hat, hat mancherlei Chancen. Und ich gönne einem jeden, der diese Chance hat, auch, daß er sie nutzt. Nur, meine Damen und Herren, der Rahmen, den freiheitliche Demokratie in diesem Zusammenhang setzt, ist ein ganz anderer, ein sehr viel engerer, ein sehr viel begrenzterer, und das ist richtig so.

Wir alle sind uns darüber im klaren, daß sportliche Leistungen etwas Erfreuliches sind, daß wir unsere Freude an Rekorden haben. Und daß natürlich auch vaterländische Gesinnung dabei gelegentlich mitspielt. Nur, meine Damen und Herren, der Medaillenspiegel bei irgendwelchen Ereignissen gibt keinen Hinweis darauf, was Kultur und moralische Stabilität eines Landes ausmacht. Das sind zwei verschiedene Dinge. Und auch darin unterscheidet sich die freiheitliche Demokratie von totalitären Regimen. Wir wollen, daß dieser Freiheitsraum – und das sage ich sehr klar für die CDU Deutschlands – des Bürgers auch in seinen Vereinen und in seinen Verbänden erhalten bleibt. Ja, daß wir die Chance nutzen, wenn möglich, mehr Freiheitsraum zu schaffen. Wir vertrauen auf den mündigen Bürger, auf seine Verantwortlichkeit, auf sein Engagement und auf seine Fähigkeit zur Selbstverwaltung. Wer aus der praktischen Politik kommt, etwa aus der Verantwortlichkeit eines Regierungschefs eines deutschen Bundeslandes, der weiß, daß niemand in der öffentlichen Hand auch nur annähernd die Leistung ersetzen könnte, die Tausende ehrenamtlicher Helfer in ihren Vereinen auch für das allgemeine Wohl bringen, und dafür haben wir zu danken! [...] Und alle zusammen sollten noch einmal überlegen, ob wirklich das, was notwendig ist, um mehr Freude an sportlicher Betätigung, schon möglichst früh, möglichst schon bei Schülern zu wecken, auch hinreichend geschieht. Diese Aufgabe ist zunächst und vor allem eine Aufgabe der Schulen. Es ist heute Mode geworden, alles, was nicht gelöst ist, der Schule zuzudiktieren und damit die Schule zu belasten. Dies will ich auf keinen Fall. Aber ich habe doch den Eindruck, daß wir im Zusammenhang mit körperlicher Ertüchtigung, mit der Freude am Sport, in der Schule noch eine Menge zu tun haben. Dies ist ein wichtiger Punkt deutscher Schulpolitik. Es läßt sich nicht bestreiten, daß auf diesem Felde noch manches im argen liegt, daß es noch manche veraltete Form der Unterrichtsgestaltung im Bereich des Sports gibt, die den Kindern die Freude am Sport nicht nur nicht vermittelt, sondern sie ihnen nimmt. Noch immer ist das Problem etwa des Sportunterrichts an den beruflichen Schulen nicht ausreichend gelöst. Die Schule, darüber sind wir uns sicher einig, ist nicht der Ort zur Heranbildung künftiger Hochleistungssportler. Aber sie kann motivieren, sie kann Freude am Sport und an sportlicher Leistung vermitteln, sie kann Talente entdecken und Talente weitergeben. Der Zusammenhang zwischen optimaler körperlicher und geistiger Entwicklung ist ganz offensichtlich. Deshalb ist der Sportunterricht in der Schule auch kein Stundenreservoir für andere Fächer. Und mancher unbegründete Hochmut aus dem Bereich der wissenschaftlichen Fächer gegenüber dem Sport muß endgültig abgebaut werden, auch in unseren Schulen.

Die Sportvereine haben eine wichtige Aufgabe in der Gesellschaft, auch im Bereich der sogenannten flankierenden Maßnahmen, wie man das heute nennt. In der Bundesrepublik Deutschland werden jährlich zwischen 20 und 25 Milliarden DM für die Rehabilitation von Gesundheitsgeschädigten ausgegeben. Das ist wichtig und richtig. Aber es ist auch richtig, in diesem Zusammenhang einmal die Frage aufzuwerfen, ob nicht im Wege des Vorbeugens eine Mark mehr für Sportförderung nahezu das Zehnfache an Rehabilitationsaufwand einsparen kann. Und wenn dies richtig ist, müssen wir uns danach ausrichten. Wir wissen, daß dabei die finanziellen Hilfen nicht zu kurz kommen dürfen und deswegen muß neben der finanziellen Hilfe auch weiter überlegt werden, ob nicht eine fachliche Beratung der Vereine im Bereich der öffentlichen Hand möglich ist. Selbstverständlich ohne den Versuch einer Indoktrination.

Wir haben jetzt die Abgabenordnung im Bundestag im Rahmen der Reformvorhaben zu diskutieren. Hier stellt sich die Frage der zeitgerechten Besteuerung der Sportvereine. Wir alle aus der Praxis kennen die Probleme und die Schwierigkeiten der Finanzierung, auch die Grenze, die bei einer knapperen Finanzlage dieser Bundesrepublik gesetzt ist, zu der ich mich auch ausdrücklich heute hier bekennen will. Aber es fragt sich doch, ob etwa im Zusammenhang mit der Diskussion um die sogenannte Spendenbescheinigungskompetenz es richtig ist, gemeinnützige Sportvereine etwa im Verhältnis zu einer Reihe anderer Organisationen der Gesellschaft schlechter zu behandeln. Und es ist sehr die Frage, ob nicht die Politik, wir alle in den politischen Parteien, hier die Empfehlungen der Deutschen Sportkonferenz möglichst bald in die Tat umsetzen sollten.

Meine Damen und Herren, die Vorbereitung und die Durchführung der Olympischen Spiele, auch jetzt die Vorbereitung zu der Fußball-Weltmeisterschaft, haben den deutschen Sport in seinem Ansehen ein wesentliches Stück nach vorn gebracht. Sie haben auch die Diskussion um den Leistungssport neu beflügelt. Ich habe nie recht verstehen können, warum diese Frage um den Leistungs- und Breitensport ideologisch so aufgeputscht werden mußte. Leider, meine Damen und Herren, haben wir die verdammte Tradition in unserem Lande, fähig zu sein, nahezu alles, selbst die natürlichsten Sachen im Leben, ideologisch aufzuladen. Ich halte nichts von dieser Entwicklung, ich halte überhaupt nichts davon, den Leistungssport zu verteufeln.

Es gibt nun einige Propheten, und die gehen durchs Land und verbreiten die Meinung, Leistung an sich sei schon ein Werk des Teufels. Für mich ist Leistung keine heilige Kuh. Aber Leistung ist eine notwendige Voraussetzung für die Fortentwicklung von Staat und Gesellschaft, sie ist so notwendig wie die Unruhe einer Uhr. Ohne diese Unruhe bewegt sich der Zeiger nicht. Ohne Leistung bewegt sich dieses Land nicht. Das ist, auf einen knappen Nenner gebracht, die Lage.

Wenn ich hier ganz nüchtern ausspreche, daß Leistungs- und Breitensport sich gegenseitig ergänzen, der Leistungssport die Breite motiviert und der Breitensport die Grundlage für die sportliche Spitze bildet, dann weiß ich natürlich auch um die darin liegenden Chancen und Gefahren. Der Leistungssport darf sich nicht gegen den Menschen und gegen den humanen Auftrag des Sports richten; dann wird nämlich die Grenze zwischen einem modernen Sportstadion und den Arenen der Gladiatoren der römischen Geschichte schnell deutlich. Mit den letzteren wollen wir im Breiten- und im Leistungssport der Bundesrepublik Deutschland nichts zu tun haben. Und ich frage mich – man mag mir das nicht so abnehmen, wie ich es sage –, ob das Einbrechen der Werbung in breite Sektoren des Sportes, wie wir es heute überall jetzt erleben, nicht bereits ein Stück auf diesem Wege ist. Man sollte es einmal sorgsam überlegen, ob hier der richtige Weg eingeschlagen wird oder ob wir nicht schnell in der Sackgasse landen, so sehr ich Verständnis für Finanzprobleme der Vereine und Verbände habe [...].

Und noch einen sehr persönlichen Wunsch: Sport gibt die Chance zu mehr Freude. Und aus welchen Gründen auch immer – manchmal kann man nur den Kopf darüber schütteln –, wir bewegen uns immer mehr von einer offenen Gesellschaft hin zu einer vergrämten Gesellschaft. Schlechte Laune und Überlastetsein in einem deutlichen Mienenspiel zum Ausdruck zu bringen, das gehört schon beinahe zum Statussymbol derer, die es in unserem Lande zu etwas gebracht haben. Ich finde, es ginge uns allen viel besser, wenn wir uns offen zur Freude – auch im Alltag – bekennen und zum Spaß an der Sache. Wäre es nicht eine großartige Chance des Sports, daß er uns hilft, auch das Alltägliche in Freude gelingen zu lassen? Wenn das glückt, haben Sie neben den großen Normen der Nation und der Menschlichkeit einen wichtigen Beitrag auch für ein besseres Leben in unserem Lande geleistet. Wir haben es alle nötig. *H. Kohl*

---

1. Sport und Politik, so legt Kohl zu Beginn seiner Ausführungen dar, sind miteinander verzahnt. Wo hat aber diese Beziehung seiner Meinung nach ihre Grenzen?

2. Der Zusammenhang von Sport und Politik wird in verschiedenen Gesellschaftsformen verschiedenartig ausgelegt. So hat der Sport im Rahmen einer sich demokratisch verstehenden Gesellschaft andere Entfaltungsmöglichkeiten als in sogenannten „totalitären" Staaten. Verdeutlichen Sie diesen Sachverhalt an Hand des Kohl-Referats.

3. Worin erblickt Kohl die vorrangigen Aufgaben des schulischen Sportunterrichts? Was können Sie dazu aus Ihren Erfahrungen sagen?

4. Die Verbindung von Sport, Politik und Gesellschaft wird besonders in den Sportvereinen sichtbar. Inwiefern nämlich?

5. Wie argumentiert Kohl gegenüber den Kritikern des Leistungssports?

6. Leistungssport und Breitensport erfüllen bestimmte Funktionen innerhalb der Gesellschaft. Welche führt Kohl an?
7. Mit der von Kohl häufig verwendeten Formulierung „mehr Freude durch Sport" verknüpft er eine große gesellschaftliche Hoffnung. Welche ist das? Teilen Sie seinen Standpunkt?

III. „Das Grundgesetz garantiert Bürgerrecht auf Sport"

14 Meine Damen und Herren, der Staat darf nicht versuchen, die Freiheit des Sports einzuschränken, und der Sport darf erst recht nicht versuchen, sich gar in die Abhängigkeit vom Staat zu flüchten. Denn für uns ist ja sportliche Betätigung ein Stück Selbstverwirklichung des Bürgers zur Entwicklung und Entfaltung seiner Persönlichkeit. Diese Selbstverwirklichung ist nur möglich in einem Land, in dem es freie und unabhängige Sportverbände gibt. Eine auf unabhängige Vereine und Verbände gegründete Sportbewegung garantiert allein den Bürgern diese Selbstbestimmung und Selbstverwirklichung. Ich glaube, wir brauchen uns deshalb gar nicht zu wundern und überrascht zu zeigen, daß jene, die eine andere Republik wollen, gerade in dieser Organisation des Sports eine angeblich politische Apathie und Illusion gegenüber herrschenden Verhältnissen zu sehen glauben. Wir sollten dafür sorgen, daß diese Unabhängigkeit des Sports gewahrt werden kann.
Willi Weyer hat einmal diese Sportbewegung als eine gewaltige Bürgerinitiative bezeichnet; das kann man nur bekräftigen. Denn wo sonst gibt es Hunderttausende von ehrenamtlichen Mitarbeitern, die ihre Freizeit und oft ihren Urlaub drangeben, die auch zu materiellen Opfern bereit sind, um die Sportbewegung unabhängig und frei zu erhalten, was bedeutet, daß Millionen Menschen in unserem Lande Sport so betreiben können, wie sie es für richtig halten, wie sie es wollen, und nicht wie eine anonyme Obrigkeit es gern sehen möchte. Deshalb ist es so notwendig, daß wir auch bei einer solchen Gelegenheit laut und deutlich auf die Leistungen dieser freiwilligen Mitarbeiter des Sports hinweisen, weil sehr häufig kritische Stimmen am Sport, die es sich zu leicht machen, gerade diese freiwilligen Mitarbeiter versuchen als engstirnige Sportfunktionäre abzuqualifizieren. Die Wahrheit ist, daß ohne diese angeblichen Funktionäre unsere Sportvereine längst zusammengebrochen wären und damit jede Möglichkeit sportlicher Betätigung.
Der Verein gewinnt in einer Gesellschaft, die nach neuen Orientierungen sucht, nach Begegnungen mit den Menschen, eine zunehmende Bedeutung. [...]
Dieses sportliche Angebot könnte der Staat gar nicht machen. Er könnte es nicht einmal finanzieren, es würde schon an den Personalkosten scheitern. Aber ich füge hinzu, er dürfte es auch nicht machen, wenn er es bezahlen könnte, denn sonst wäre es kein Freiheitsangebot mehr, sondern eine Eingliederung in eine neue staatliche, politisch motivierte Organisation.
[...] Diejenigen, die sich in den Sportvereinen und -verbänden der Aufgabe der Organisation des Sports, der Praktizierung des Sports stellen, praktizieren etwas, was

wir in unserer Gesellschaft wohl deutlicher wieder aussprechen müssen, nämlich daß gerade eine freie Gesellschaft und ein freier Staat nicht nur von den Rechten des Bürgers, sondern vor allen Dingen von der Erfüllung der Pflichten gegenüber Staat und Gesellschaft leben kann. Deshalb hat das Wort Kennedys ,,Frage nicht, was Dein Land für Dich tun kann, sondern frage, was Du für Dein Land tun kannst", eine unerhört aktuelle Bedeutung; und diejenigen, die sich in den Vereinen diesen Pflichten stellen, verwirklichen das heute schon. Ich meine aber, daß der Sport nicht nur ein Mittel zur Selbstverwirklichung ist, in ihm steckt auch der Gedanke des Wettbewerbs und der Leistung.

Nun will ich – wie meine Vorredner – mich nicht in die ideologische Diskussion über das Verhältnis von Leistungs- und Breitensport einbeziehen lassen. Ich möchte aber doch aus meinem Herzen keine Mördergrube machen, meine Damen und Herren; ich bin nämlich der festen Überzeugung, daß Breitensport ohne Leistungssport sehr bald einschlafen würde, wenn das Vorbild der besseren Leistung im Sport nicht mehr gelten soll. Breite und Spitze bedingen einander, auch im Sport. Und wir dürfen in unserer auf Leistung ausgerichteten Gesellschaft, die unserem Land Wohlstand und Fortschritt gebracht hat, die Leistung nicht herabsetzen lassen. Ich denke, daß es – ohne daß es damit zu einer Politisierung des Sports kommen muß – notwendig ist, daß wir in der großen gesellschaftspolitischen Diskussion, die weltweit vorhanden ist, die auch unser Land nicht verschont hat, schon Flagge zeigen und sagen müssen, wie halten wir es mit der Leistung. Und wir dürfen nicht zulassen, daß dann, wenn wir im politischen Bereich die Auseinandersetzung über das Leistungsprinzip führen, am Ende der Sport zum schutzlosen Objekt derjenigen wird, die mit der Herabsetzung des Leistungsprinzips natürlich unsere Gesellschaft gar nicht verbessern oder humanisieren wollen, sondern die eine andere Gesellschaft wollen, von der wir wissen, daß sie geradezu der Prototyp des Leistungsdrucks ist, was uns mancher Sportler aus Staatssportländern bestätigen kann.

Wir wollen auch nicht übersehen, daß die Freiwilligkeit im Sport – und hier liegt ja die Funktion der Vereine – im Verhältnis zu staatlichen Einrichtungen erhalten werden muß. Denn natürlich gehört auch der spielerische Wettbewerb dazu, herauszufinden, wer nun die bessere, wer die beste Leistung erbringt. Wichtig ist es wohl auch, zu sehen, daß der Sport noch eine andere, sicher von manchen mit klassenkämpferischen Ideen beladene und nicht gern gesehene Funktion hat, nämlich die Beseitigung gesellschaftlicher Schranken und menschlicher Vorurteile in der Gemeinschaft der Sporttreibenden. Sport ist eben eine zutiefst demokratische Betätigung. Und darum ist uns jede Sportpolitik indiskutabel, die – wie es in Diktaturen üblich ist – den Sportler zum Repräsentanten einer Ideologie oder einer Staatsmacht degradieren soll. Sport verträgt keine Reglementierung. Und, meine Damen und Herren, Sport ist auch kein – wie es uns manche einreden möchten – in Stadien verlagerter Klassenkampf. Sport soll vor allen Dingen Freude machen. Und wenn ein paar junge Menschen ihre Kräfte messen, wenn sie feststellen wollen, wer von ihnen am schnellsten laufen kann, dann muß nicht gleich im Geiste Marx und Lenin mitrennen. Sport soll schließlich freiwillig getrieben werden. Ein Mensch, und sei er auch

sportlich noch so begabt, der zum Sport gezwungen wird, ist – davon können mich auch die erstaunlichsten Hochleistungen nicht abbringen – ganz gewiß nicht ein Sportler in unserem Verständnis. [...]
Wir sollten in diesem Zusammenhang auch die Leistungen des Betriebssports sehen, die in dieser Leistungsgesellschaft notwendig und wichtig sind; und wir sollten uns in diesem Stadium der gesellschaftlichen Diskussion nicht von jenen irritieren lassen, die in den Leistungen des Betriebssports nur einen heimtückischen Anschlag der Kapitalisten auf den Arbeitnehmer sehen, um ihn nach seiner körperlichen Ertüchtigung im Sport noch besser am Fließband ausbeuten zu können.

Wenn wir über den Schulsport reden, wenn wir über die Gleichberechtigung des Schulsports in der schulischen Ausbildung sprechen, so dürfen wir nicht übersehen, daß auch hier möglicherweise manches Mißverständnis nicht nur aus einer überholten Auffassung des Schulsports resultiert, sondern auch daher kommt, daß vermeintliche neue Erkenntnisse eine veränderte Betrachtung des Sports notwendig machen. Ich will es so sagen, wenn in den Rahmenrichtlinien eines Kultusministeriums der Sport keine andere Beachtung finden kann als ein Anklagepunkt gegen einen Ausdruck nationalistischen Denkens, dann spricht daraus ein absolutes Mißverständnis der gesellschaftspolitischen Bedeutung des Sports in Schule und Gesellschaft.

Ich habe schon darauf hingewiesen, daß auch im freiesten Staate ein natürliches Spannungsverhältnis zwischen Sport und Staat bestehen muß. Wir sind uns einig darüber, daß der Sport – das sage ich besonders gern in meiner neuen Eigenschaft – eine wichtige Bedeutung hat für das Kennenlernen der Völker untereinander; wir sollten nicht unterschätzen, daß auch eine Veranstaltung wie die Fußball-Weltmeisterschaft, die viele Menschen in unser Land führt, eine Möglichkeit gibt, das Bild unseres Landes zu entfalten, wie es möglich und wie es wirklich ist.
Es ist hier schon darauf hingewiesen worden, daß in den innerdeutschen Sportbeziehungen in den letzten Monaten eine wichtige Entscheidung für die Verbindung des Sports in unserem geteilten Vaterland getroffen werden konnte. Das war möglich als Ausdruck des partnerschaftlichen Zusammenwirkens zwischen den politisch Verantwortlichen und den Repräsentanten des Sports, sonst wäre dieses Ergebnis, insbesondere auch in bezug auf die Einbeziehung West-Berlins, nicht erreichbar gewesen. Für dieses politische Verständnis danke ich dem Sport.
Wir haben gestern und vorgestern den 25. Jahrestag unseres Grundgesetzes begangen. Das Grundgesetz ist eine Verfassung mit statischen und dynamischen Elementen. Zu seiner Dynamik gehört das Sozialstaatsprinzip. Und die Erfüllung dieses Prinzips verlangt von der Politik gerade eine Förderung der Befriedigung der Bedürfnisse der Bürger und damit auch in der Sportförderung. Es gibt nach dieser Verfassung auch ein Bürgerrecht auf Sport, wie es ja vom DSB ausdrücklich vertreten wird. Und ich sehe hier unsere gemeinsame Aufgabe, diese Forderung auch tatsächlich zu verwirklichen.
In der kleinen Schrift „Der Sport in der Bundesrepublik Deutschland“ ist der Sinn der sportlichen Betätigung in einer, wie ich finde, vorzüglichen Weise zusammengefaßt worden. Es heißt dort: „Die sportliche Bewegung hat weder Waffen noch Geld. Sie

benötigt sie auch nicht. Ihre eigentliche Stärke liegt in ihrem Ziel, dem Menschen zu helfen, sein Leben aus eigenem, freien und freiwilligen Antrieb lebenswert zu gestalten."
Lassen Sie uns – Politik, Staat und Sport – bei der Erfüllung dieses Zieles zusammenarbeiten. *H. D. Genscher*

---

1. Genscher betont die „Unabhängigkeit" des Sports. Welches grundlegende Problem verbirgt sich hinter dieser Forderung?
2. Kann man prinzipiell behaupten, daß Sportfunktionäre überflüssig sind? Stützen Sie sich bei der Beantwortung dieser Frage auf Aussagen Genschers.
3. Charakterisieren Sie die „gesellschaftliche Funktion" der Vereine und versuchen Sie eine Abgrenzung zwischen Staat und Vereinen vorzunehmen.
4. „Leistung in Sport und Gesellschaft" lautet das Thema dieses Projekts. In welchen Äußerungen berührt Genscher diese Fragestellung besonders eng?
5. „Bürgerrecht auf Sport" – was ist darunter zu verstehen? Wie kann es Ihrer Meinung nach verwirklicht werden?

IV. „Wir wollen keinen Staatssport"

15 Meine Damen und Herren, ich möchte an die unterschiedliche Bewertung des Sports in unserer Gesellschaft anknüpfen. [...] Der Sport ist für den einen aber auch eine bevorzugte Ausdrucksform demokratischer Lebensweise, für andere ein beliebtes Demonstrationsobjekt totalitärer Regierungssysteme. Sport dient einmal zur Selbstdarstellung des Individuums, zum anderen zeigt er sich als Kult der Massen. Viele sehen im Sport einen Weg zur Völkerverständigung, andere wieder einen Ersatz für kriegerische Auseinandersetzungen, was sicher nicht der schlechteste Weg wäre. Für die einen zählt nur der Sieger, der Rekord, anderen dagegen vermittelt die eigene sportliche Betätigung Freude und Befriedigung. Eine ganz besondere Freude und Befriedigung scheinen aber auch manche Systemkritiker am Sport zu finden.
Aus all dem wird deutlich, meine Damen und Herren, welche gegensätzliche Bewertung der Sport als gesellschaftliche Institution in unserer Gesellschaft erfährt. In Anbetracht der Vielschichtigkeit des Sportes soll man sich vor einseitigen Urteilen hüten, d. h. vor kultischer Verehrung, aber auch vor alles bestreitender Systemkritik.
Und ich möchte gerade angesichts der Formulierung des Themas den Soziologen Helmut Plessner zitieren und ihm zustimmen, wenn er sagt: „Der Sport ist nicht besser und nicht schlechter als die Gesellschaftsordnung, aus der er entstanden ist. Man kann sie – die Gesellschaftsordnung – nicht bejahen und ihn – den Sport – verneinen." Man muß also entweder beide verneinen oder beide bejahen, und wir sind hier, um beides zu bejahen.
Damit steht aber außer Zweifel, daß zwischen dem Sport und der Gesellschaft eine enge Wechselbeziehung besteht. Beide bedürfen einander, beide können sich vor-

bildlich ergänzen, wenn dies in gegenseitiger Achtung, in gegenseitigem Verständnis und in Kenntnis der jeweiligen Grundsätze und Wesensmerkmale geschieht.

Wenn die Wechselbeziehungen zwischen Sport und Gesellschaftspolitik näher dargelegt werden sollen, kommt man nicht ganz an der Frage vorbei, von welchen Grundsätzen und Zielen zunächst einmal unsere Gesellschaftspolitik – und ich spreche ja hier wie meine Vorredner für eine politische Partei – denn überhaupt bestimmt wird oder bestimmt werden sollte.

Voraussetzung für eine gute Sportpolitik ist und bleibt in erster Linie eine gute Gesellschaftspolitik. Und nur wenn hier eine gemeinsame Grundlage erworben und erhalten wird, ist sichergestellt, daß die Wechselbeziehungen zwischen Sport und Gesellschaft zu einem befriedigenden Zustand führen und von Dauer sind.

Erlauben Sie mir, daß ich in diesem Zusammenhang nun einige Leitsätze nenne, die das politische Handeln meiner Partei bestimmen und damit letztlich auch die Grundlage für unsere Einstellung und gesellschaftliche Bewertung des Sports bilden. Ich gehe zunächst davon aus, daß in jeder Politik die Verantwortung für den Menschen als Individuum begründet sein muß, nicht aber als Baustein eines zum Selbstzweck erhobenen gesellschaftlichen Gefüges. Die Gesellschaftspolitik muß ferner geprägt sein von der Tradition des abendländischen Humanismus, seines Menschheits-, Wissenschafts- und Fortschrittsbegriffes. Sie muß geprägt sein von der Ablehnung eines zum Selbstzweck erhobenen kapitalistischen Systems. Sie muß aber auch geprägt sein von der Ablehnung kollektivistischer Organisationsformen, wie sie in dieser oder jener Form und auch in unserer Zeit vom Marxismus/Leninismus verwirklicht werden. Das sind die Grundsätze, nach denen wir unsere Gesellschaftspolitik ausrichten. Unter diesen Gesichtspunkten muß auch das Verhältnis von Gesellschaft und Sport gesehen werden. Und hier, meine sehr verehrten Damen und Herren, kommt dem Sport ohne Zweifel eine ganz entscheidende Rolle zu. Kaum eine andere gesellschaftliche Institution ist so geeignet, dem einzelnen Freude, Entspannung, Befriedigung, Selbstentfaltung, Selbstentwicklung und ein Stück individuellen Freiheitsraumes zu ermöglichen wie der Sport.

Im Jahre 1960 hat der Journalist Horst Peets – ein Sportjournalist – geschrieben, Sport sei die wichtigste Nebensache der Welt. Ich glaube, wenn er heute, 1974, in Kenntnis der in der Zwischenzeit erfolgten gesellschaftlichen Entwicklung und ihrer Probleme schriebe, würde er dieses Wort nicht mehr wiederholen. Sport ist nicht die wichtigste Nebensache der Welt, sondern Sport ist eine wichtige Hauptsache in dieser Welt. [...]

Im Zusammenhang mit der erzieherischen Wirkung des Sportes noch eine kritische Anmerkung zum Thema Leistung. Sie alle wissen, daß auch das Leistungsprinzip ein beliebtes Angriffsziel der neuen Gesellschaftskritik darstellt, die auch vor dem Sport nicht haltmacht.

Man behauptet, die Leistung führe zur Vermarktung, zur Sinnentleerung und zur Inhumanität. Und es ist typisch für diese Kritiker, daß sie mögliche Extreme, Ausnahmefälle in Teilbereichen z. B. der Wirtschaft, sofort verallgemeinern und nicht fähig sind, als Gesellschaftskritiker kritisch zu denken. Denn kritisch zu denken heißt, den

Ausnahmefall von der Regel unterscheiden zu können, heißt differenziert denken und differenziert bewerten zu können. Und wer das nicht kann, ist zum Kritiker nicht befugt und hat weder die sachliche noch die moralische Qualität, Kritik zu üben. Ohne ein gesundes Leistungsprinzip kann sich eine Gesellschaft überhaupt nicht fortentwikkeln. Leistung ist aber auch nur in einem echten Wettbewerb möglich. Darüber ist von den Vorrednern viel gesagt worden. Ich kann mir das ersparen, aber alles, was die Erhaltung unseres sozialen Leistungsstandes, die Erreichung der so oft beschworenen gesellschaftspolitischen Ziele ausmacht, hängt doch ab vom wissenschaftlichtechnischen Fortschritt, vom Wirtschaftswachstum, von der sozialen Sicherheit und damit von der Leistungsfähigkeit und vom Leistungswillen des einzelnen. Die Probleme unseres Landes, die Probleme Europas, die Probleme der Welt werden sich nur lösen lassen, wenn Bereitschaft und Wille zur Leistung sich weltweit verbreiten, wenn in der Erziehung die Leistungsmotivation geweckt, anerkannt und auch belohnt wird.

Auch das Leistungsprinzip kann übertrieben werden, alles kann übertrieben werden, aber es geht nicht um die Übertreibung, es geht hier um die normale Anwendung.

Und ohne Demonstration und die hohe soziale Bewertung von Leistungen ist auch eine Vorbildwirkung nicht möglich, gibt es keinen Anreiz. Es bedarf deshalb z. B. keiner großen Ausführungen, daß meine politischen Freunde und ich den Leistungssport, angefangen vom Spitzensport, aber dann natürlich auch den Breitensport, in vollem Umfange bejahen und unterstützen. Niemand denkt zum Beispiel daran, etwa den Staatssport zu fordern. Sicherlich würde ein Staatssport die Zahl der Medaillen vermehren, aber dies kann nicht der Sinn der Sportbewegung sein. Es gilt aber in unserem Lande, die Fähigkeit der Sportbewegung zu fördern, die ihr gestellten gesellschaftlichen Aufgaben in eigener Verantwortung und Selbstverwaltung durchzuführen. Meine Partei sieht es deshalb als eine wesentliche Aufgabe an, die aus der Initiative unabhängiger Bürger geschaffenen freien Verbände und Vereine zu fördern und sie bei der Erfüllung solcher Aufgaben zu unterstützen, die sie aus eigener Kraft nicht allein meistern können. Angesichts der hervorragenden Aufgaben des Sportes in unserer Gesellschaft müssen dem Sport daher vermehrt finanzielle Mittel zur Verfügung gestellt werden. Wenn man die Milliardensummen sieht, die angesichts unserer Bevölkerungszahl und angesichts der selbstverständlich gestellten Ansprüche alle sozialpolitischen Maßnahmen kosten, dann allerdings – und das soll nicht nach dem Munde geredet sein – ist der Sport, der ja ein Stück präventive Medizin auch darstellt, ohne Zweifel innerhalb der finanziellen Prioritäten auch nach dem Gesichtspunkt einer rationalen Finanzpolitik der Kommunen, vor allem aber der Länder und des Bundes, noch nicht im allgemeinen ausreichend berücksichtigt. Aber dem wird man wohl in den nächsten Jahren, und dafür sind wir hier und dafür sollen die Politiker Einsicht zeigen, in verstärktem Maß Rechnung tragen. Ich möchte hier, wenn ich auch Vorsitzender einer nur bayerischen Partei bin, trotzdem nicht etwa die Verhältnisse in Bayern schildern, aber eines hat sich wohl bewährt, daß die Mittel des bayerischen Staates, wie sie vom Landessportverband angefordert und mit dem Finanzministerium ausgehandelt und im allgemeinen auch vom Bayerischen Landtag genehmigt werden, dem Landessportverband zur Verfügung gestellt werden. Denn es ist zwar verständlich, daß es bei Autobahnen heißt: Hier baut die Bundesrepublik oder hier baut im Auftrag der Bundesrepublik der Freistaat Bayern oder das Land Hessen oder wie auch immer. Es wäre aber nicht sehr wünschenswert, wenn Sportstätten immer unter dem Signum einer jeweiligen politischen Mehrheit in diesem oder jenem Lande damit gewissermaßen als Selbstempfehlung für künftige wahlpolitische Absichten öffentlich aufgeführt würden. Ich plädiere dafür, daß diese Mittel global den Sportverbänden zur Verfügung gestellt werden, wobei selbstverständlich die verantwortlichen politischen Instanzen dann in den Verteilungsgremien eine beratende Funktion ausüben können. Der Staat hat hier durchaus ein legitimes Interesse und soll nicht bloß die Rolle des Geldbriefträgers übernehmen. *F. J. Strauß*

---

1. Den Sport an sich gibt es augenscheinlich nicht. Er steht vielmehr im Brennpunkt von Bewertungen, die Maßstäbe unterschiedlicher Art sind. Suchen Sie nach Hinweisen für diese Behauptung.
2. Wie interpretiert Strauß den Zusammenhang von „Gesellschaftspolitik" und „Sportpolitik"?
3. Weshalb kann Strauß sagen, daß der Sport eine „wichtige Hauptsache in der Welt ist"?
4. Führen Sie Begriffe und Probleme an, mit denen Strauß den Leistungsgedanken in der Gesellschaft und im Sport erörtert. Achten Sie auch besonders darauf, wie er seine Haltung gegenüber dem Leistungsprinzip begründet.
5. Strauß sichert im Namen seiner Partei den Sportorganisationen und -verbänden seine Unterstützung zu. Welche Vorschläge macht er? Halten Sie diese für realisierbar?

V. „Das Programm des Sozialismus"

Während in den vorangegangenen Beiträgen führende Politiker einer demokratischen Gesellschaftsordnung zum Leistungsproblem im Sport Stellung bezogen haben, kommt im folgenden der Vertreter eines Gesellschaftssystems zu Worte, das sich selbst als sozialistisch versteht.

16 „Die Entwicklung der Menschen unserer Zeit erfordert hohe Bildung, die Erziehung zur Charakterstärke und zur körperlichen Vervollkommnung. Körperkultur und Sport sind entscheidende Faktoren für die Hebung der Volksgesundheit, für die Steigerung der physischen Leistungsfähigkeit und die Verlängerung des Lebens unserer Bürger. Deshalb sollten in der Periode des umfassenden Aufbaus des Sozialismus Körperkultur und Sport immer stärker zu einem echten Lebensbedürfnis werden. Schon in den Kindergärten sind unsere Jüngsten – ihrem Alter angemessen – durch sportliche Übungen so zu erziehen, daß sie sich frühzeitig an eine regelmäßige sportliche Betätigung gewöhnen.

Im Turnunterricht unserer Schulen soll eine allseitige körperliche Grundausbildung im Vordergrund stehen und in der Bewertung im Fach Körpererziehung ihren Niederschlag finden. Das macht es erforderlich, Inhalt und Formen der Ausbildung im Turnunterricht grundlegend zu verändern.
Eine wichtige Ergänzung dieser Ausbildung vom Kindesalter an bis zu den Absolventen der Hoch- und Fachschulen ist der Sport in den Schulsportgemeinschaften und sonstigen Sportgemeinschaften der verschiedensten Art.
Die Volksbildungsorgane, der Deutsche Turn- und Sportbund, die Freie Deutsche Jugend und die Pionierorganisation müssen sich deshalb mehr anstrengen und vor allem ihre Arbeit koordinieren: Es gilt, für unsere Kinder und Jugendlichen ein interessantes, freudvolles und vor allem regelmäßig sportliches Leben zu gestalten.
Zweifellos haben wir in der Entwicklung des Kinder-, Jugend- und Volkssports in den letzten Jahren gewisse Fortschritte gemacht. Im Leistungssport haben wir in einigen Sportarten Weltspitze erreicht, in anderen noch nicht. Der Erfolg im Leistungssport aber hängt letztlich ab von der Entwicklung des Volkssports, des Kinder- und Jugendsports, von wissenschaftlicher Ausbildung und vom Training der Jugendlichen in den einzelnen Sportarten."

W. Ulbricht

Erläuterung:

2/3 **Körperkultur:** Dieser Begriff umfaßt alle den Körper übenden Betätigungen. Nach dieser Auffassung geht es in der Körperkultur um einen sozialen Prozeß, der der physischen aber auch psychischen Vervollkommnung des Menschen dient. Im Mittelpunkt der Körperkultur steht der Sport, der den Leistungscharakter betont.

---

1. Gliedern Sie den Aufbau dieser Rede.
2. Inwiefern hängen nach Ulbricht, der hier ein sozialistisches Sportprogramm entwirft, gesellschaftliche Entwicklung und Sport zusammen?
3. Welche Ziele verfolgen Körperkultur und Sport im Sozialismus?
4. Wie bestimmt Ulbricht das Verhältnis von SED zu einzelnen Organisationen?
5. Wie charakterisiert Ulbricht die Stellung des Leistungssports?
6. Diskutieren Sie ausführlich die Frage nach dem Sportverständnis der Parteien der BRD und der SED.
7. Vgl. Sie die programmatischen Ausführungen der Parteien miteinander. Wo sehen Sie Unterschiede?
8. Kennzeichnen Sie die für Sie wichtigsten Aufgabenbereiche einer zeitgemäßen Sportpolitik, von der der ehemalige Innenminister der BRD gesagt hat: „Sportpolitik ist Gesellschaftspolitik und muß unter gesellschaftspolitischen Prämissen diskutiert werden."
9. Bringen Sie Argumente und Beispiele, die der Vorstellung vom entpolitisierten Schonraum des Sports zuwiderlaufen.
10. Suchen Sie nach Quellen, in denen sich Politiker über den Sport äußern.

Quellenverzeichnis

1. Plessner, H.:
   Die Funktion des Sports in der industriellen Gesellschaft. In: Kloehn, G. (Hrsg.): Leibeserziehung und Sport in der modernen Gesellschaft. Julius Beltz Verlag, Weinheim 1966, S. 18–32 (Textauszug – TA –)
2. Krockow, C. Graf v.:
   Sport und Industriegesellschaft. Piper Verlag, München 1972, S. 13–17 (TA)
3. Offe, C.:
   Leistungsprinzip und industrielle Arbeit. 3. Aufl. Europäische Verlagsanstalt, Frankfurt 1973, S. 42–44 (TA)
4. Kesting, H.:
   Opfer für Olympia. Neckermanns Sporthilfe. In: Richter, J. (Hrsg.): Die vertrimmte Nation. Rowohlt Verlag, Reinbek bei Hamburg 1972, S. 100–103, 110–114 (TA)
5. Böhme, J.-O. u. a.:
   Sport im Spätkapitalismus. Zur Kritik der gesellschaftlichen Funktion des Sports in der BRD. Wilhelm Limpert-Verlag Frankfurt 1971, S. 111–117 (TA)
6. Statements:
   In: Die Zeit Nr. 14 vom 5. 4. 1974
7. Gienger, E.:
   Diskussionsbeitrag auf der 6. Sitzung des Kuratoriums der Stiftung Deutsche Sporthilfe vom 18. 4. 1975, hrsg. von der Stiftung Deutsche Sporthilfe, S. 24–26
8. Lenk, H.:
   Leistungssport in der Erfolgsgesellschaft. In: Grube, F./Richter, J. (Hrsg.): Leistungssport in der Erfolgsgesellschaft. Hoffmann u. Campe, Hamburg 1973, S. 20–24
9. Krockow, C. Graf v.:
   Sport. Eine Soziologie und Philosophie des Leistungsprinzips. Hoffmann u. Campe, Hamburg 1974, S. 16–18
10. Scherer, G.:
    Sport als Sinnerfahrung. In: Scherer, G. (Hrsg.) u. a.: Sport zwischen Spiel und Leistung. Verlag Fredebeul & Koenen, Essen 1972, S. 7–15 (TA)
11. Dämpfert, E.:
    Zur Leistungsinterpretation der „Neuen Linken“ und ihren philosophischen Grundpositionen. In: Wissenschaftliche Zeitschrift der Deutschen Hochschule f. Körperkultur, 15. Jg., F 2, Leipzig 1974, S. 124–127 (TA)
12. Kühn, H.:
    Das Potential staatsbürgerlicher Verantwortung. In: DSB (Hrsg.): Die gesellschaftspolitische Rolle des Sports. DSB-Eigenverlag, Frankfurt a. M. 1974
13. Kohl, H.:
    Die Leistung beflügelt den Sport. In: ebd.
14. Genscher, H. D.:
    Das Grundgesetz garantiert Bürgerrecht auf Sport. In: ebd.

15. Strauss, F. J.:
Wir wollen keinen Staatssport. In: ebd.

16. Ulbricht, W.:
Das Programm des Sozialismus. Aus dem Referat des Genossen Walter Ulbricht auf dem VI. Parteitag der SED. Berlin 1966. In: Martin, D.: Schulsport in Deutschland. Karl Hofmann Verlag Schorndorf 1972, S. 96